「承認《アクノレッジ》」が人を動かす

コーチングのプロが教える
相手を認め、行動変容をもたらす技術

(株)コーチ・エィ代表取締役社長
エグゼクティブコーチ
鈴木 義幸

Discover

本書は２００９年に日本実業出版社より刊行された
『コーチングのプロが教える「ほめる」技術』を改訂し、
新章を加え新版として出版したものです。

はじめに

今から四半世紀以上前の１９９７年10月に、プロフェッショナル・コーチ養成会社コーチ・トゥエンティワンが設立されました。２００１年にはコーチ・トゥエンティワンの法人事業部を分社化し、企業のマネジメントをコーチングによってサポートするコーチ・エィという会社も生まれました（現在この両社は合併し、コーチ・エィとなっています）。

この間、数多くの企業のマネジャーやエグゼクティブの方々にコーチングをお伝えし、また一対一でコーチングをさせていただく中で、自分の興味、関心の中心には、ずっとひとつのセンテンスが横たわっていました。

それは、「どうすれば人は動くのか？」という問いかけです。

私たちは、まだコーチングが日本に明確な姿で存在していなかった28年前に、アメリカの最大手コーチ養成機関のひとつであるコーチ・ユニバーシティ（現コーチ・ユー）からたびたびトレーナーを招聘し、コーチングのイロハについて学びました。

そこには確かに「人はどうすれば動くのか」のヒントがたくさんたくさん盛り込まれていました。

しかし28年前の段階では、それらはあくまでも「情報」として私たちの頭の中に蓄えられただけであって、それが本当に人を動かすものであるかどうかは、まだわかりませんでした。コーチングの真の力を知ったのは、それからの十数年の活動を通してでした。

コーチとして、他企業のマネジャーやエグゼクティブと接する中で実践したり、自分の会社のマネジメントをする中で活用したり、逆に自分がコーチングを受ける際に体験していくことで、無機質な情報は現場からのフィードバックを取り込んで、生きた「知識」となり、そしてさらには信念へと昇華していきました。

コーチングでは、問いを投げかけ、その問いについて考えるプロセスの中で、相手が自然に目指す方向へ前進していくことをサポートします。これは行動に対する「意味づけ」を引き起こします。

自身で「意味づけ」した行動は、「他己説得」された行動、つまり「ああしなさい、こうしなさい」と、他人から言われて説得された行動よりも現実化する可能性が高いと言われています。

目的地に向かって選択できる道はいくつもあるものですが、それを一方の経験者が「これだ」と決めてしまうよりも、相手に選択肢を発見させ、決めさせたほうが、結果的には目的地に早く到達するだろうという考え方です。

ただ、目的地が決まり、取るべき道が決定され、その人が動き出したとしても、最終的に目的地にたどりつくためには「エネルギー」が供給され続ける必要があります。

では、自分がコーチや上司、親などの立場だったとして、そのエネルギーを相手にどう供給し続けることができるのでしょうか。それがこの本のテーマであり、みなさんに送り届けたい知識、技術です。

コーチングでは、そのエネルギー供給のことを「アクノレッジメント（acknowledgement)」と言います。

このアクノレッジメント、つまりエネルギーの供給回数が多ければ多いほど、供給方法にバリエーションがあればあるほど（レギュラーガソリンで動く人もいれば、軽油で動く人もいるわけですから）、相手をより遠くまで、ひいては目的地まで動かすことが可能になります。

本書は、アクノレッジメントのさまざまな手法を1項目でひとつ解説することを基本としています。

ただ、より鮮明に企業の現場におけるシーンを想起していただくために、プロローグでは、自分が供給するエネルギーと、部下が求めるエネルギーのマッチングが起こらず、途方に暮れる管理職の様子を小説風に描きました。エピローグでは、プロローグで登場した田中課長なる人物がアクノレッジメントの技術を身に付けたことにより、どのようにエネルギーの供給方法を変えたのかが記されています。

なお、本書は2002年から長きにわたってご愛読いただいた『コーチングのプロが教える「ほめる」技術』（日本実業出版社刊）を改訂し、今の時代だからこそお伝えしたい項目を第6章として加え、出版したものです。

みなさんがこの本を読むことによって、みなさんの部下や仕事上で関わりを持つ人に、さらにはご家族を始めとしてより多くの方に、エネルギーを供給することができるようになることを、それが翻っては自分自身のエネルギーとして還元され、自分の中に良質なエネルギーが蓄えられることを願ってやみません。

２０２４年４月　鈴木義幸

CONTENTS

LESSON 03 たった一言で気持ちは伝わる

LESSON 04

人によって接し方はさまざま

LESSON 05

相手にあったコミュニケーションを選ぶ

LESSON 06

変わる時代と、変わらない本質

PROLOGUE 田中課長の憂鬱

田中課長はバーのカウンターに座り、2杯目の水割りに眼を落としながら、ぼんやりと今日の課でのミーティングを思い出していた。

新しい営業方針についての確認を取るのが今日のミーティングの目的であった。

昨日の晩からどのように話せば課員にいちばん伝わるかを考え、準備万端のつもりでミーティングに臨んだ。

しかし、課員の反応は鈍かった。みんな視線は自分のほうに向けていたものの、そこに同意がないのは明らかだった。

最後まできちんと論理的に説明して終わるつもりでいたが、課員の反応の鈍さに、ついいつものように声を荒らげてしまった。きつく言ったからといって状況が変わるものではないとはわかっていながらも、それ以外に選択肢が出てこなかった。

「みんな本当にわかってるのか！　現状は厳しいんだ。今のようなペースで動いてもらっていては困るんだよ！」

しかし課員はただ無反応な表情を田中課長に返すだけだった。

「笛吹けど踊らずか」

田中課長は氷が溶けて味の薄くなってしまった水割りを口に運びながら、沈んだ口調で誰に語るともなく言った。

課員の顔が次々に浮かんできた。自分の旧来からのやり方に固執して、新しい方法をまったく取り入れようとしない年配の部下。ここからここまでが自分の仕事と範囲を区切り、それ以外のことには関心を示そうとしない中堅の部下。飲みに誘っても、ちょっと用事がありますからと帰ってしまう若手の部下。

何が悪いんだろうか。俺のやり方に問題があるのだろうか。ちょっと前までは部下を動かすのはこんなに難しくなかったのではないか。時代が変わったのだろうか。メンバーの構成が悪いのだろうか……いくつもの疑問が代わるがわる頭を支配した。

3杯目の水割りをバーテンダーに注文したと同時に後ろから肩を叩かれた。

「よお、遅れて悪かったな。ちょっと仕事が長引いちゃってさ」

同期入社の大橋が、彼特有の人なつっこい笑顔を携えてそこに立っていた。

「何だ、浮かない顔してるな。お前が珍しく話したいって言うから、きっと悩みを抱えて暗い顔で飲んでるんだろうなと思ってきたけど、予想どおりじゃないか」

「暗くもなるよ。業績伸びないし、部下は言うこと聞かないし、上司からは責められるし。やっぱり俺、管理職に向かないのかな」

「おいおい、そう悲観的になるなよ。うまくいかないときもあるさ」

「お前からアドバイスをもらえたらと思ったんだけどさ。そっちは調子どうなの?」

「うちか？　田中のところとはターゲットとしてる顧客層も違うし、一概には比べられないだろうけど、まあうまくいってるよ」

「部下とはどうだ?」

「もちろん完璧じゃないけど、そこそこの信頼関係はあると思うな」

「何が違うんだろう。お前と俺と」

「やっぱり徳の積み方が違うからな」

「何言ってるんだよ、入社した頃はしょっちゅう会社辞めてえよって言ってたくせに」

「冗談だよ、冗談。そうだなあ、ちょっとやり方を変えてみたんだよ。半年前に会社の選択研修でコーチングっていうのを受けてさあ。けっこう最近本がたくさん出てるだろ」

「知らないなあ」

「部下をマネジメントするための一手法なんだけどな。うちにもさ、ひとりなかなかのってこないやつがいてさ」

「わかるよ、笛吹いても踊らないやつだろ」

「そうそう。で、俺もいろいろやってみたけどうまくいかなくてね。それでまあ、だまされたと思ってコーチング研修っていうのに出たわけよ」

「それで？」

「これがなかなか面白くてね。けっこう納得させられた」

「へえ、どんなことで」

「コーチングのスキルでアクノレッジメントっていうのがあるんだよ」

「アクノレッジメント？　初めて聞く言葉だな」

「アクノレッジメントっていうのは、簡単に言うと人をほめたり、認めたりすることなんだけどさ。まあ部下をほめろとは昔から言われていることではあるよな」

「なかなかほめるところもないけどな」

「成果をほめるんだって考えてると、お前が言うようにこのご時世、そうそうほめるようなことが起こるわけじゃないと思うんだ。でも本当に部下を動かしたかったら、成果云々の前に部下の存在を認めないとだめだっていうんだよ」

「存在？」

「誰だって、存在感を認められたいだろ」

「そりゃそうだけど、何か哲学っぽいな」

「確かにそんな響きはあるけどな。女子マラソンの小出元監督みたいな、スポーツのコーチとかが実践しているらしいんだ。コーチがスポーツ選手をうまく育てるように、上司も部下を上手に育てられないか、っていう発想なんだろうな」

「それでお前はうまくいったの？」

「そうだな。半年前と比べると、その部下の動きは変わったと思うよ。もちろん一気に良くなったわけじゃないけどな」

「ふ〜ん。そんな研修があるのか。それって人事に言えばいいのか?」

「社内用ホームページに載ってるから、そこから申し込めるよ」

「まあ半信半疑だけど、お前がそう言うならだまされたと思って受けてみるか」

「そうだよ、やってみろよ。少しはその陰気臭い顔が明るくなるぞ」

「うるさいな。忘れるなよ、駆け出しの頃に落ち込んでたお前を救ったのは俺だぞ」

「そうだよな。あのときはさー……」


いつのまにか昔話になり、その夜は更けていった。

LESSON 01

人を動かす
アクノレッジメント

01

アクノレッジメントとの出会い

アクノレッジメント。おそらくこの本に触れる前にはあまり聞いたことがなかった言葉だと思います。「何それ?」そう思っている方が大半でしょう。

約30年前、アメリカ人のコーチングのトレーナーからこの長い英語を最初に聞いたとき、私の頭の中でも「???何それ???」と?がたくさん浮かんだのをよく覚えています。

「ほめることと同じですか?」と、あるスタッフがトレーナーに質問をすると、「ほめることはアクノレッジメントに含まれますが、それが全体ではありません。相手の存在を認める行為、言葉のすべてがアクノレッジメントです」とトレーナー。

「じゃあ、あいさつするとか、声をかけるとかそういうことですか?」

「もちろんそれも含まれます。そこにあなたが相手をアクノレッジしたいという気持ちを込めればね」

わかったような、わからないような説明だなと思いつつ、セミナーはそのままどんどん進み、とうとうエンディングに差しかかりました。

予定では17時に終了するはずだったのですが、16時には、「これでお伝えしたかったことはすべてお伝えしました」とトレーナー。

あれっ？　早く終わってしまうのだろうかと思っていると、

「コーチングについてお伝えしたかったことはすべてお話ししましたが、もっと大事な、みなさんにぜひ伝えたいいくつかのインフォメーションがあります。まず、今回このコーチングのセミナーを日本で開催することができたのも、思えばまずAさんが僕にメールを送ってくれたことに端を発しています。Aさんは……」

そう言って、Aさんが今回のセミナーを開くためにしたことを一つひとつ、本当に細かくそのトレーナーは伝えていきました。中には同僚の自分でさえ、そんなことがあったんだと初めて知るようなこともありました。

そしてひとしきりAさんについて話を終えると、次にBさん、Bさんが終わると

Cさんと、一人ひとり壇上に呼び、自分の傍らに置いて、この人はこういうことをしてくれた、この人はこんな役割を担ってくれた等々、それぞれの貢献に対して細かく細かく言葉を与えていきました。延々と1時間！

最後には、そんな大荷物、スーツケースのどこに入れて来たのだろうかと思うくらいのたくさんのプレゼントを取り出して、スタッフ一人ひとりに手渡してくれました。しかも全員に違うものを。誰から聞いたのか、そのスタッフの趣味にちゃんと合うものをです。

ゴルフに凝り始めていた私には、アメリカでいちばんよく売れているという、飛距離が爆発的に伸びると言われているゴルフボールをプレゼントしてくれました。「あなたのコーチングのスキルが爆発的に伸びるように」という言葉を添えて。そのトレーナーとは初対面だったにもかかわらず、この心配り！

こうして、その1時間を過ごしながら私たちはアクノレッジメントを「体験」しました。頭ではなく体でアクノレッジメントを覚えたわけです。

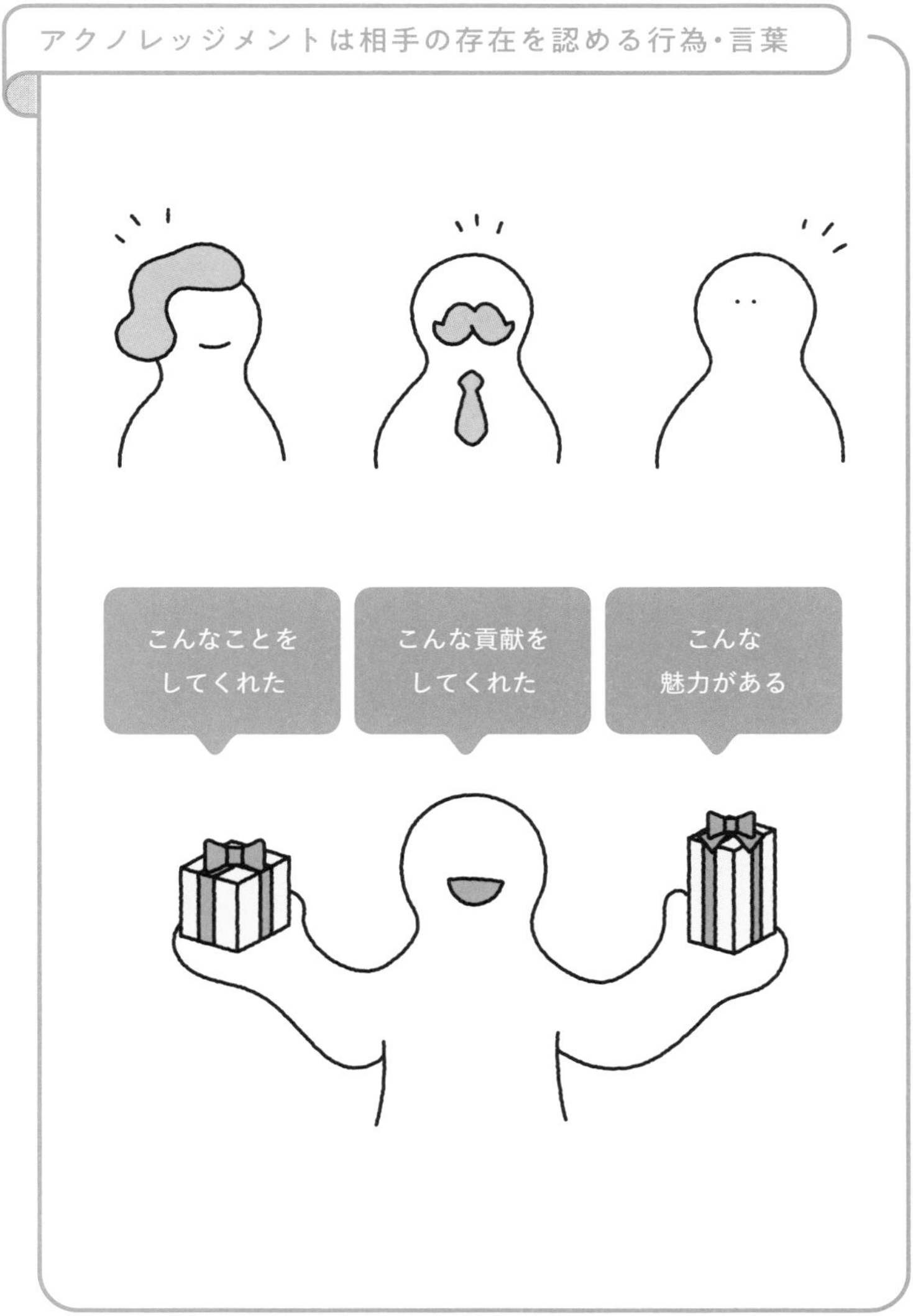
アクノレッジメントは相手の存在を認める行為・言葉
こんなことをしてくれた
こんな貢献をしてくれた
こんな魅力がある

02 なぜアクノレッジメントか

アクノレッジメントという言葉を英和辞書で引くと、「承認すること」と書かれています。この「承認」とは何でしょうか。

「ほめる」というのも、当然この承認の中に含まれます。

またアメリカ人のトレーナーが私たちに見せてくれたような、その人がどんな貢献をしたのかを覚えていて、それを明確に言葉にして伝えてあげることや、一人ひとりに関心を示し贈り物をすることなども承認です。

それ以外にも、声をかける、あいさつするといった何気ない日常のやり取りにいたるまで、**「私はあなたの存在をそこに認めている」ということを伝えるすべての行為、言葉が承認にあたります。**それが英語ではアクノレッジメントなのです。

さて、なぜ承認という行為はそれほど大事なのでしょう。

ビジネスの世界でも、部下をきちんとほめ認めることは、上司として必ず実践する必要のあることだと、ほとんどのリーダーシップ論、マネジメント論に書いてあります。子育ての本を読んでも、親は子どもをまずはほめてあげて、と出てくるし、学校の先生は教育論概論といった類の講義の中で、生徒を認めることは重要であると習います。

おそらく、感覚的にはそれがなくてはならないことだと誰しもわかっているでしょうが、改めて考えてみると、どうして承認したほうが良いのでしょうか。

「認めればそれだけ部下はやる気になりますから」

もちろんそうですよね。認めるという行為はやる気に大きく寄与します。ではなぜ人は認められるとやる気になるのでしょうか。

「そんなの当たり前じゃないか」

そう、ほとんどの人は経験的に認められればやる気になることを知っています。でも、繰り返しますが、なぜ。

「認められればうれしいですからね」

そのとおりですよね。認められれば気持ちは昂揚します。それではなぜ認められると、うれしいという感情が人という生体の中に発生するのでしょうか。これも冷静に考えてみると不思議なことではないでしょうか。


たまに「いや、俺は人から認められなくても、自分に自信があるから」なんて言う人がいます。周りにそういうことを言いそうな人がいたら、ちょっと顔を思い浮かべてみてください。そういう人に限って、その声と表情の裏に「自分のことを認めてほしい、ほめてほしい」という切実な願いが見て取れたりします。

やはり人は「他人」からちゃんと承認されたいものです。何回も言いますが、なぜ。


人は太古の昔から、協力関係をつくることによって生き延びてきた種です。好むと好まざるとに関わらず、ひとりだけでは生き抜いていくことはできませんでした。そのため人の生存本能は、絶えず自分自身が協力の輪の中に入っているかどうか、仲間はいるのかどうかということに対して、チェックをかけていると言われています。

自分が協力の輪の中に入っていないということは、ひとりぼっち、つまり「死」を意味するわけですから、これはもう細心の注意を払ってチェックをかけています。そして、そのチェックに対して「イエス！」で答えてくれるのが、他人からの「認めているよ」という言葉なのです。

出した成果や強みを認めるだけでなく、「おはよう！」「元気？」といった日々の声かけにいたるまで、「あなたがそこに存在していることに気が付いている」というメッセージのすべて、つまりアクノレッジメントが「生き残れるか？」という不安を払拭することにつながります。

そしてさらにアクノレッジメントの量が増えれば、相手にとってそれは不安を払拭するという、マイナスをゼロに戻すためだけの役割を担うのではなく、ゼロをさらにプラスへと高めるエネルギー源となっていきます。

逆に存在を認められているという実感が手に入らないと、もう頭は騒がしくなります。それは単に「認められていない」ではなくて、サバイバルできないかもしれない、という生存に対する危機ですから、内側は重くざわつきます。

不安で不安でしょうがなくなるでしょう。だからこそ人は「君がいることに気が付いているよ」と伝えてくれて、不安を取り除いてくれる人を求めます。

安心したいのです、みんな。

そして、安心したいという究極の欲求を満たしてくれた人に対して、人は絶大な信頼を寄せます。その人のリクエストには応えてあげたい、そう思うのです。

なぜならその人の期待に応えれば、またあの安心感が手に入るかもしれないのですから。うずくような不安をその瞬間は味わうことなく済むわけですから。

誰だって認めてほしい

存在を認められないと不安になる。
安心させてくれる人を信頼する。

03

根性型指導の限界

私の知人で清水さんという方がいます。彼の人生は、とにかくここまで野球、野球、野球。野球一色でした。早稲田実業で甲子園に3回行き、早稲田大学で野球部の主将を務め、社会人では熊谷組の野球部に入り、最終的には監督としてチームを全国大会準優勝に導きました。現在は、日本オリンピック委員会の強化スタッフ（野球）なども務めています。

この清水さんが、日本の野球界における指導者のコーチングについて実状を私に教えてくれました。彼は力を込めて言います。「野球界のコーチングはひどい！　特に少年野球はひどい！　時代錯誤もはなはだしい！」。もちろん全部が全部ではないでしょうが、彼に言わせると、少年野球では何と言っても極端にアクノレッジメントが少ないそうです。

例えば、バッターボックスに入った子どもが、高めのボール球に手を出して空振りしたとします。そうすると監督がどなるそうです。

「何でそんな高い球に手を出すんだ！　ボールを見てるのか！」

その子どもが次に取る行動はどうなるでしょうか。とにかく怒られたくないから、次のボールには絶対手を出さないぞと決めるでしょう。で、そうしたときに限ってド真ん中のボールが来ます。子どもは当然振らずに見送ります。そうすると監督はまた怒ります。

「このばかやろー！　真ん中の球に手を出さないやつがどこにいる‼」

子どもは混乱し始めます。どう振っても怒られる、振らなくても怒られる、どうしよう。混乱のさなか、つい何となく三球目のボールに手を出して三振します。結局、監督はまた怒るのです。

「三球三振してどうすんだ‼」

結果として子どもはどんどん受身になります。怒られないように、というのが最優先されるために子どもは監督が指導したこと以外は決してやらなくなるのです。だからそうした環境下では、イチローや野茂のようなオリジナリティーにあふれたバッティングフォームやピッチングフォームは決して生まれません。

冗談みたいな話ですが、清水さんに言わせると、これが少年野球で非常によく見る光景だそうです。

では、良い監督はどのように指導するのでしょうか。清水さんの話をもとに、先ほどのケースを再び考えてみましょう。

子どもが高めのボール球に手を出し空振りをします。でも子どもの主観では、当然振ったその瞬間はあたる！　と思っているわけですから、その肯定的な意図は認めてあげて、「いいぞ、あたると思ったらどんどん振っていいぞ！」と言います。

それから、どこかに良いところを見つけてあげて「今のは確かにあたらなかったけど、スイングスピードはけっこう速かったぞ」などというふうにちゃんとほめるのです。

もちろんそのままにしておくわけではなく、改善に向けて働きかけもします。

「高めのボールはなかなかあてるのが難しいもんだよ。どんなところに手を出したらより確実にあたる気がする？」

一方的に「これを振れ！」ではなくて、**相手の意見を大事に扱う**のです。「この辺でしょうか？」と、少しさっきより低めの位置を指し示した子どもに対して「そういう場所をね、ストライクゾーン、打つとあたるところ、っていうんだよ」と、子どもの意見に承認を与えます。

そして子どもが再びバットを振ると、今度は前に飛ばないまでもチップします。「おう！　今度はチップしたなあ」と小さな成果に対して体全体で賞賛します。

この頃には子どもはもう自分で考え始めるそうです。「次はどこに手を出せば前に飛ぶんだろうか？」と。それで、ついにボールが前に飛んだら、「やったじゃないか!!」と大賛辞です。

どうも「良い監督」は、子どもに問いかけることも含めて、アクノレッジメントのシャワーを浴びせかけているようなのです。

一昔前までは、怒ってどなって根性一本槍の監督でも良かったのかもしれません。苦しさを乗り越えたところにこそ大きな幸せがあると思えたあの時代は。自分に向けられたアクノレッジメントが少なくて、内側がざわついたとしても、それをぐっと抑え、ただひたすら巨人の星に向かって走り続けることができました。

あの時代、星一徹は星飛雄馬に対して「飛雄馬、どんなボールが投げたいんだ？」などと相手の意見を尊重することでアクノレッジする必要はなく、「飛雄馬、大リーグボール養成ギプスをつけろ！」で良かったわけです。父親や先生や監督は「権威」として機能していたし、それに続く選手たちや子どもたちは、真面目に言うことを聞けばそれで成長できると思えたものです。

ところが、どうも時代は変わってしまったようです。日本社会の中でいわゆる「権威」と呼ばれる存在――大手銀行、官僚、政治家、警察、教師、親などが軒並み失墜する中で、そう簡単に若い選手たち（あるいは若手社員、子ども）は、コーチや監督（あるいは上司、親）の言うことに対して、心の底から信頼を寄せたりはしません。

少年野球チームに所属する子どもたちも、昔は多少どなられても、それをバネにうまくなろうと思えたものです。でも今は「そこまでがんばらなくても」「別にそんなにうまくなりたいわけじゃないし」「怒ってばかりでイヤな監督」といった言葉が簡単に口を突きます。だから子どもが簡単にチームを去ってしまうのです。

子どもだけではなくて、昨今大学で体育会に入る学生も激減しているそうです。

「今はアクノレッジメントはしないけど、君が本当に血のにじむような努力をしてがんばって、大きな成果をあげたら、そのときこそは、これまで体験したことのないようなすばらしいアクノレッジメントが手に入るよ」

――こうしたアプローチは、どうやら（特に）今の若い人には効かないようです。

アクノレッジメントのシャワーで相手を伸ばす

[怒りは相手を混乱させる]

[アクノレッジメントは相手の思考を促す]

04 承認型で成果を出す「体育会」が台頭してきた

伝統や厳しさにこだわり、低迷を続ける大学の「体育会」が多い中で、慶應大学のラグビー部はまさにそうした過去からの「縛り」と決別し、新たなチーム文化を創り出すことに成功した体育会のひとつだと思います。そして、その新たなチーム文化の根底には、学生に対するふんだんなアクノレッジメントがありました。

慶應ラグビー部はその昔、アメリカ海軍の訓練の次に「きつい」、ひょっとしたらイスラエルの特殊部隊より「きつい」と揶揄されるくらい、根性絶対、上の命令絶対の組織でした。

私が慶應大学に入学したのは１９８６年、ちょうどその1月に上田昭夫監督の指揮のもと、慶應ラグビー部がトヨタ自動車に勝ち、日本選手権で優勝を遂げた年です。

中学・高校で6年間ラグビーをやっていた私は、あこがれもあって、一度神奈川県の日吉にあるラグビー部のグラウンドに練習を見に行ったことがあります。後にも先にもあれほど壮絶な光景は見たことがありません。

ケガをしてではなく、練習がきつくてもうふらふらになって、八甲田山でついに力尽きた日本兵のように選手がグラウンドに倒れ込んでいくのです。それでも駆け寄る人間は誰もおらず、何事もなかったかのように周りでは練習が続きます。

たまにこの倒れ方は尋常じゃないだろうと思うと、マネジャーが側にやってきて頭から例のやかんの水をじゃ～っとかける、ただそれだけ。やかんの水をかけられてもまだうずくまっている光景は、何やら溺死体を見ているようで、背筋が寒くなったのを覚えています。

聞いた話では、当時の慶応ラグビー部の1日の練習時間は8時間。新入生はその前後に準備と片付けで1時間ずつかかるので、合計10時間はラグビーに費やすそうです。授業なんてほとんど出られません。これはとてもついていけないなと思い、私は入部をあきらめました。

トヨタ自動車に勝ったその年、上田監督は勇退を決意してラグビー部を去っています。そして翌シーズンから、慶應ラグビー部は長い低迷期間を迎えます。約10年間、それまで常連であった全国大学選手権大会にもまともに出られないような時期が続きました。

この低迷からチームを救ったのが、再び上田監督でした。ただ、その道程は決してやさしいものではなかったようです（上田昭夫著『王者の復活』〈講談社刊〉にその道程はくわしく記されています）。

フジテレビに勤務していた上田監督が、再び監督としての要請を受け現場に戻ってみると、選手たちがすんなり自分の指示を受け取りません。そればかりか「外国人のコーチを選んでほしい」などと勝手な自分たちの要望ばかり聞かせようとするのです。かつて日本一にチームを導いた自分が現場に戻れば、選手は自分の話を快く受け入れてくれると思っていた上田監督は、その学生の対応に本当に驚いたそうです。

でもそこで上田監督がすばらしいのは、「何なんだこいつら」と相手を否定するのでもなく、「俺の権威も失墜したな」と自己不信に陥るのでもなく、「どうも時代は変わったみたいだ」とすぐに思ったことです。やり方を、戦略を変えなければ今の選手は動かせない、そう思ったことです。

そして、実際に彼はやり方を変えました。

まず、練習の準備の仕方や合宿所での過ごし方、果てはどんな練習をするかにいたるまで、ある程度学生に任せるようにしたのです。もちろん丸投げではなく、最低限守ってほしいルールはこちらから伝えるし、練習に関しては当然経験から導かれる多くの視点は伝えるものの、そこに「お前たちの考え方を大事にしている」というメッセージを多く込めました。

「監督」と呼ばせて威厳を保つことなどはせずに、自分から学生に積極的に近づき、「よう、どうだ調子は。理工学部だろ？　授業のほうは大丈夫か？」などと頻繁に気軽に声をかけました。

また、どんな些細な練習でもただ一方的に上からやれと言うのではなく、生徒の視点に立ち、彼らがその重要性を理解するために必要な説明を丹念に伝えました。

部の納会では表彰式を執り行い、一軍の選手のみならず、三軍の選手にいたるまで、その貢献を称えました。

つまり、「最上位」の監督として「重さ」を演じるのではなく、自身の行動の隅から隅にいたるまで、「お前たちの存在を認めている、価値を認めている、大事にしている」という想いを入れ込んだわけです。新生慶應ラグビー部の日々の「営み」の中には、アクノレッジメントがたくさんありました。

いったんどん底に落ち込んだチームは再び上昇気流をつかみ、優勝を含め大学選手権のベスト４にたびたび進出する強豪として復活しています。

最近でも新入生の入部希望者が見学に訪れることがあるそうです。すると誰もが「ずいぶん楽しそうですね」という感想をもらして帰っていくと聞きました。以前とはずいぶん違います。

少なくとも大学の体育会を見る限り、慶應ラグビー部のみならず、根性型から承認型に移行して成果をあげているチームはたくさんあります。組織の運営という意味では、この新しい体育会のチーム作りに、企業も大いに学ぶべきことがあるのではないでしょうか。今、企業で求められているのは、そこに移行する勇気なのかもしれません。

「根性型」から「承認型」へ

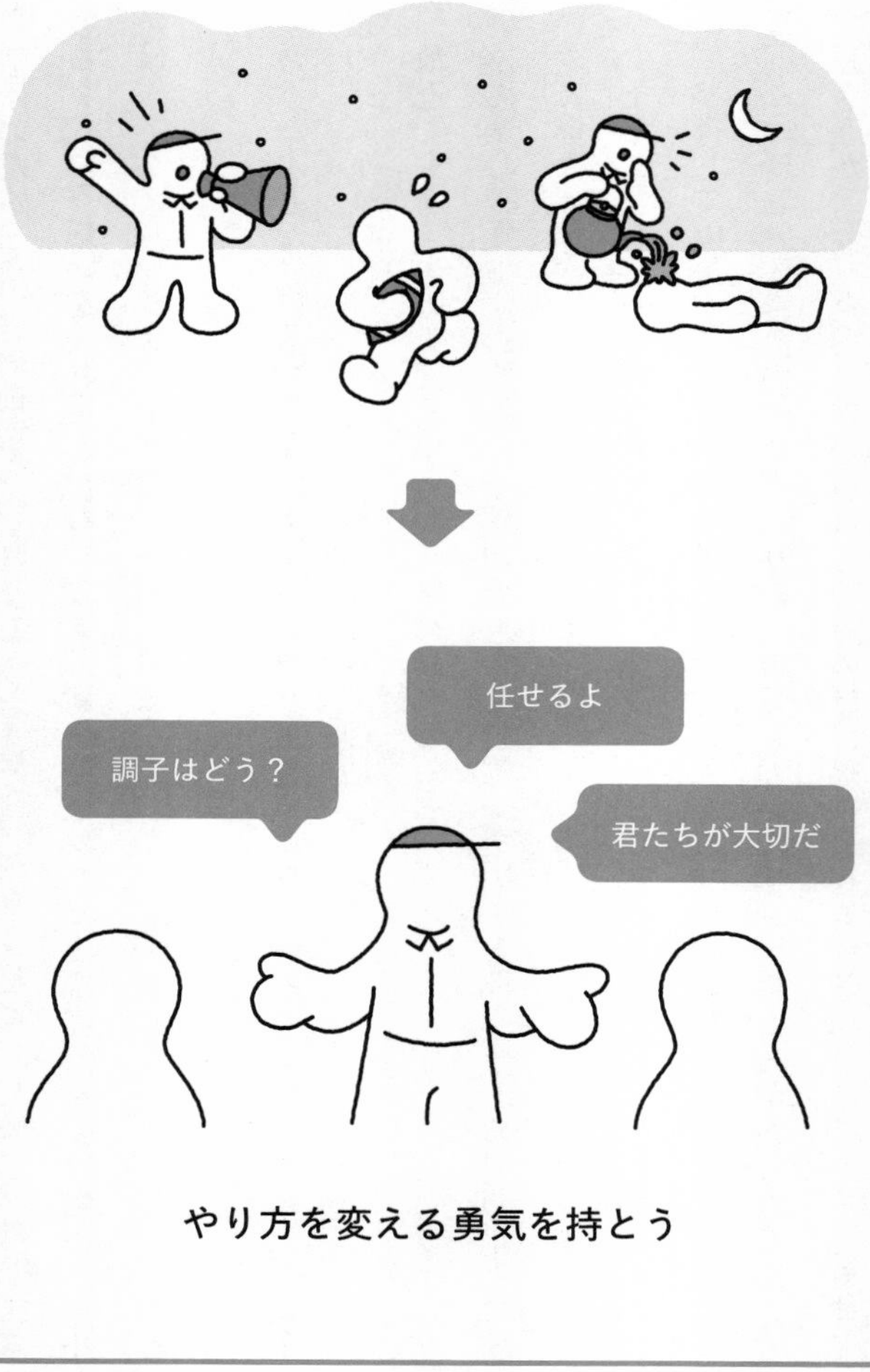

やり方を変える勇気を持とう

ミドルにもシニアにもアクノレッジメントは必要

05

企業のマネジャーを対象にした研修をやるとき、毎回必ず聞く質問があります。

「みなさんはどんなときにモチベーションが下がりますか?」

95%以上の人が次のように答えます。

「上からああしろ、こうしろと言われたときです」

本当にほとんどの人が力を込めてそう答えます。

若い人は一昔前のように叱責や指示、つまり根性論だけでは動かない、という話をしてきましたが、叱責と指示だけで動かないのは、どうも若い人ばかりではないようです。ミドルもシニアも、つまり30代以上の人たちも、叱責や指示命令だけではかつてのように動かなく、いえ動けなくなっているようです。

30年以上前のことになりますが、バブルが絶頂の頃は、多くの企業が「やる気」研修を好んで取り入れました。1週間ぐらい管理職が缶詰になって、大きな声で社是を朗読したり、自分を奮い立たせるために、「絶対に目標を達成するまであきらめません！」と墨で書かれた大きな垂れ幕を前にして、何回も何回も復唱したり。それは、トップダウンでくだされる指示命令をよりスムーズに実行に移してもらうためのトレーニングでした。あの頃はそれで良かったのです。

高度経済成長期、バブル期と、日本経済が右肩上がりで推移していたときは、上からの指示命令にある程度部下は盲従することができました。

課長になることであれ、マイホームを購入することであれ、「巨人の星」を多くのビジネスマンが持てたあの頃は、上の指示どおりにやってみようかと思えたものです。一生懸命がんばれば、もう少し耐えればそのうち良いことがあると思えたからこそ、上司の指示に懸命に応えたのです。たとえそこにアクノレッジメントが多くなかったとしても、内側のざわつきを根性で打ち消し、いずれもっと大きなアクノレッジメントを手にするんだと日々がんばれました。

ところが企業環境が変化し、将来自分の業績に関係なくリストラされることもあり得る、他の会社に移ることも早晩あるかもしれない、合併によって一瞬にして自分のミッションが変わることもあり得る、という中では、何よりも「巨人の星」が見つけにくいのが現状です。

そして「巨人の星」がはっきりしない中では、部下は歯を食いしばって我慢してまで上司の命令を遂行しようとは思わないものです。「そうは言われても……」「別にそれをしなくても……」が口癖になります。指示命令という上司のコミュニケーションスタイルをサポートしていた経営環境は、もはやそこにはないわけです。

研修でマネジャーに「では、どんなときにモチベーションが上がりますか？」と尋ねると、これまた9割以上の人が「ちゃんと任されて、認められたとき」と答えます。

もはやアクノレッジメントは秘めたる欲求ではありません。1年に1度か2度口にすれば恩の字といった高級フランス料理ではありません。毎日口にする必要がある、米であり、タンパク質であり、水です。行動を起こしてそれを継続するために不可欠なエネルギーなのです。

アクノレッジメントは誰にとっても不可欠

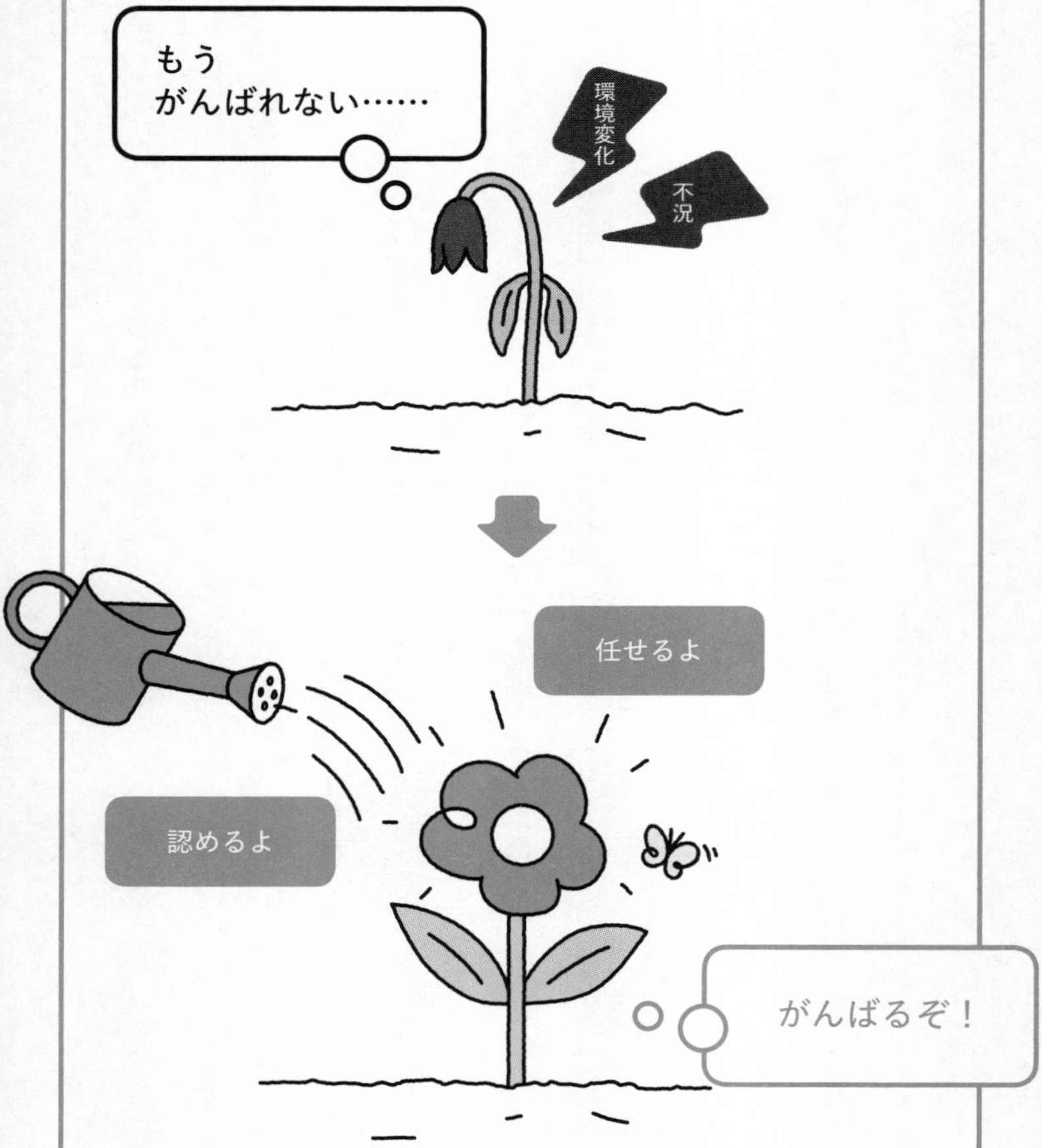

LESSON 02

認めること、
ほめること

本当にほめる

01

トミー・ラソーダ元ロサンジェルス・ドジャース監督をご存じですか。野茂英雄投手が最初に渡米したときの監督さんです。

彼は現役時代、投手として2勝3敗という成績しか残しておらず、言ってみればまったくぱっとしない選手でした。それがマネジャーとしてはとにかく群を抜いていて、2A（三軍）や3A（二軍）のチームを優勝に導き、その手腕を買われてメジャーの監督に抜擢された人です。

彼は言います。ほめるというのは、ただ「すごい！」「すばらしい！」と美辞麗句を投げかけることではない、と。相手が心の底で、他人から聞きたいと思っている言葉を伝えて初めて、「ほめる」という行為は完結すると。

だから彼は観察と試行錯誤を大事にします。

例えば、ジョンという選手がヒットを打ったとします。するとラソーダ監督は言います。

「ジョン、お前は天才だ！」

ところがジョンは顔色ひとつ変えません。淡々と「サンキュー、ボス」と返しただけ。これは違うなとラソーダ監督は思います。

しばらくしてまたジョンがヒットを打ちます。今度はラソーダ監督は違う言い回しを試します。

「ジョン、あの低めのストレートをよく軸をぶらさずに振りぬけたな」

ジョンがほんのちょっぴり笑みを漏らすと、ラソーダ監督は思います。「これだ」。

コーチングのクライアントの社長さんがたまに言います。「あんたがほめるのが良いって言うからほめたけど、なんか、『あっそう』みたいな顔してたけどな」。

ほめることは技術です。何気なく人がほめられるかというと、そんなことはありません。**相手をよく見て、相手が日々どんなことを思っているのかを洞察して、ど**

んな言葉を投げかけられたいのかを熟慮して、初めて「ほめ言葉」は発せられるべきものです。

例えば、家族の方――パートナーでも、お子さんでも、親御さんでも、誰かひとり思い浮かべてみてください。彼は（彼女は）、いったいどんなほめ言葉を聞きたいと思っているのでしょう。「いつも早く起きてご飯を作ってくれてありがとう」「一緒にいると落ち着くよね」「天才！」――5分ぐらいそのことについて思いを巡らす価値はあるかもしれません。

部下も同じです。その人が喉から手が出るくらい聞いてみたいと思っている言葉は何でしょうか。もしそれを聞いてしまったら、あなたのために何かせずにはいられないと思うような、その言葉は何でしょう。

私の知り合いでコンサルティング会社の取締役をやっている方がいます。彼にこの話をしたところ、彼はひとりの部下について真剣に思いを巡らしたそうです。普段自分が期待しているほどには動いてくれない部下について、彼は一晩考えました。何と言ってほしいんだろうかと、考えに考え抜きました。そしてついにひとつのセリフが浮かんだのです。

「マッキンゼー、ボスコン、いろんな会社で有名コンサルタントを見ているけど、君は彼らと比べても決して引けは取らないポテンシャルを持っているね。君にはとても期待しているし、うちの会社の中心的存在になってほしいと思っている」

これを声を低く落として、部下の眼を真剣に見据えて、心から伝えたのです。

それからというもの、この部下の動きはまるで別人のように変わってしまったそうです。報告が増え、自分からもどんどん提案してくれるようになり、お客さんからの評判も見違えるようにあがったのです。たった一言によってですよ!

女子マラソンで高橋尚子選手をシドニー五輪金メダリストに育てあげた小出義雄監督は、高橋選手に「君の土踏まずは世界一だ。マラソンの女王になるために生まれてきたような足だ」というようなセリフを繰り返し繰り返し伝えました。

高橋選手の才能を早くから見抜いていた小出監督は、自信を付けさせることが高橋選手の飛躍につながると考えてその言葉を選んだのでしょう。

まさに「その言葉」を選んだわけです。何でも良いということではなかったのです。

もしみなさんが、相手がいちばん聞きたいほめ言葉を見つけて、それを伝えることができるようになったら、世界はまったく違った展開を見せ始めるでしょう。まずは練習あるのみ！

相手がいちばん聞きたいほめ言葉を見つける

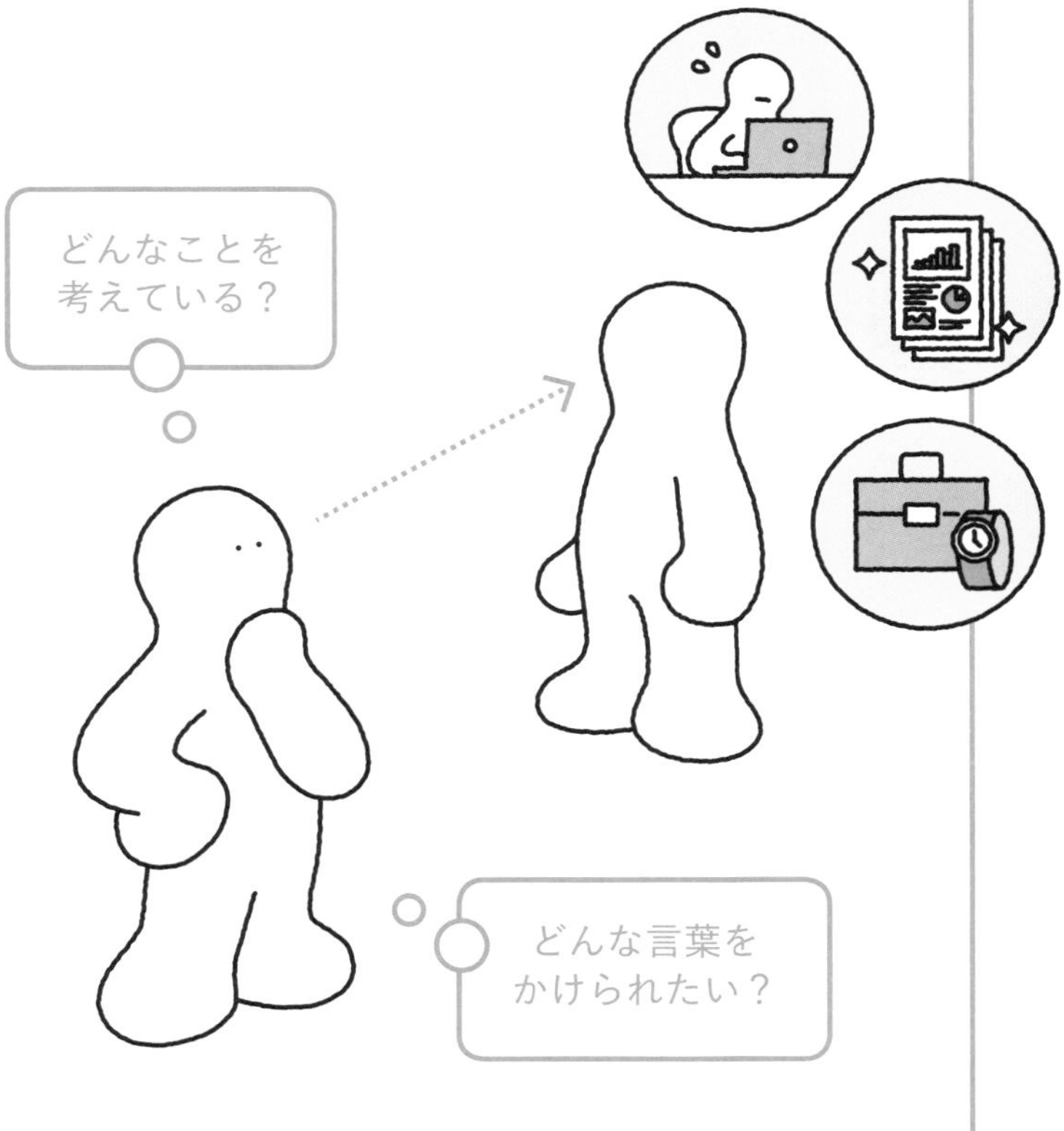

どんなことを
考えている？
どんな言葉を
かけられたい？

相手をよく見て、考えて、
とっておきのほめ言葉をかけよう

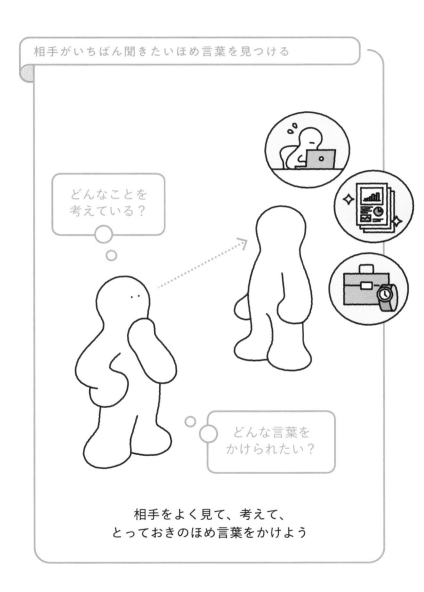

02 スーパーアクノレッジメント、任せる

前述しましたように、企業のマネジャーに「人からどのように働きかけられると、いちばんやる気があがりますか？」と聞くと、圧倒的多数の人が「任されたとき」と答えます。

アクノレッジメントの種類に優劣があるわけではありませんが、このリサーチを見る限りにおいて、やはり「任せる」はスーパーアクノレッジメントだなと思います。

ちなみに任せるというのは押し付けるのとは違います。任せるというのは、箸の上げ下げまで指示するのではなく、相手の裁量で進められる部分をきちんと与えて仕事を振ることです。そして最終的な責任はこちら側が取るというスタンスでいって、

初めて任せるという行為が発生します。

任されると、ものすごく自分の存在が際立ちます。この集団の中で必要とされているると感じられるし、協力の輪の中に確かに組み入れられているんだなと思います。だから多少忙しくなったとしても、内側のざわつき、つまりひとりになってしまったらどうしようという不安は減るわけです。

人がいちばん疲れてしまうのは、周りから認められているかどうかに自信がなく、その確信を得ようと躍起になってしまうときです。その瞬間は内側が騒がしいまま、体にも鞭打ちますから、けっこうつらいものです。

でも任されたんだと思えるときは違います。認めているというのが前提としてありますから、内側はそれほどうるさくありません。だからより創造的にもなりますし、フットワークも軽くなります。

この任せるというのは、言葉で言うのは簡単ですが、実践するのは実はとても難しいものです。任せる側としては、自分に経験や知識があればあるほど、なかなか簡単には任せられないわけです。だから、マネジャーの方々に聞いてみると、みんな「任せてほしい」という願望は持っていますが、自分自身は部下にどれだけ任せているかというと、かなり疑わしいといえるでしょう。

中には「任せるのが良いと思ってとりあえず任せましたけど、途中でいろいろ気になるからつい口を出しちゃうんですよね」などと言う方もいらっしゃいます。その人に決して悪気はないわけですが、これはすごく、すごくまずいのです。喉から手が出るほどおもちゃがほしくて、ずっと手に入るのを心待ちにしていた子どもに、それが手に入った瞬間、やっぱり返してと言っておもちゃを取りあげてしまうようなものです。これをやってしまうと、部下のモチベーションは一気に下がり、上司に対する信頼は失せてしまいます。

これを読んでいるみなさんは思うかもしれません。そうは言われてもね、やっぱり任せられないよと。任せて会社に損失を与えるような大失敗をしたらどうするんですかと。

任せるということは、何の戦略もなく、ただば～んと丸投げすることではありません。バンジージャンプをするように、ただ勇気を奮い起こして飛び込めば良いというものではありません。

私の知る限り、任せるのがうまい上司は、常日頃から部下に何を任せられるのかを一生懸命探しています。このレベルにいるのだからこれなら任せられるというものを何気ない観察の中で模索しているものです。このことで失敗しても責任は自分が取れる、もし失敗してもそれは部下の成長にとって大いに役立つだろうというものを探しています。とりあえず振ってみる、ではなくて戦略がそこには存在するわけです。そして、任せられるものを見つけたら、声のトーンを少し落として、真剣な眼差しで「頼んだぞ」「任せるぞ」と言い切っているのです。

みなさんは、今の部下には何を任せることができるでしょうか。

戦略的に任せる

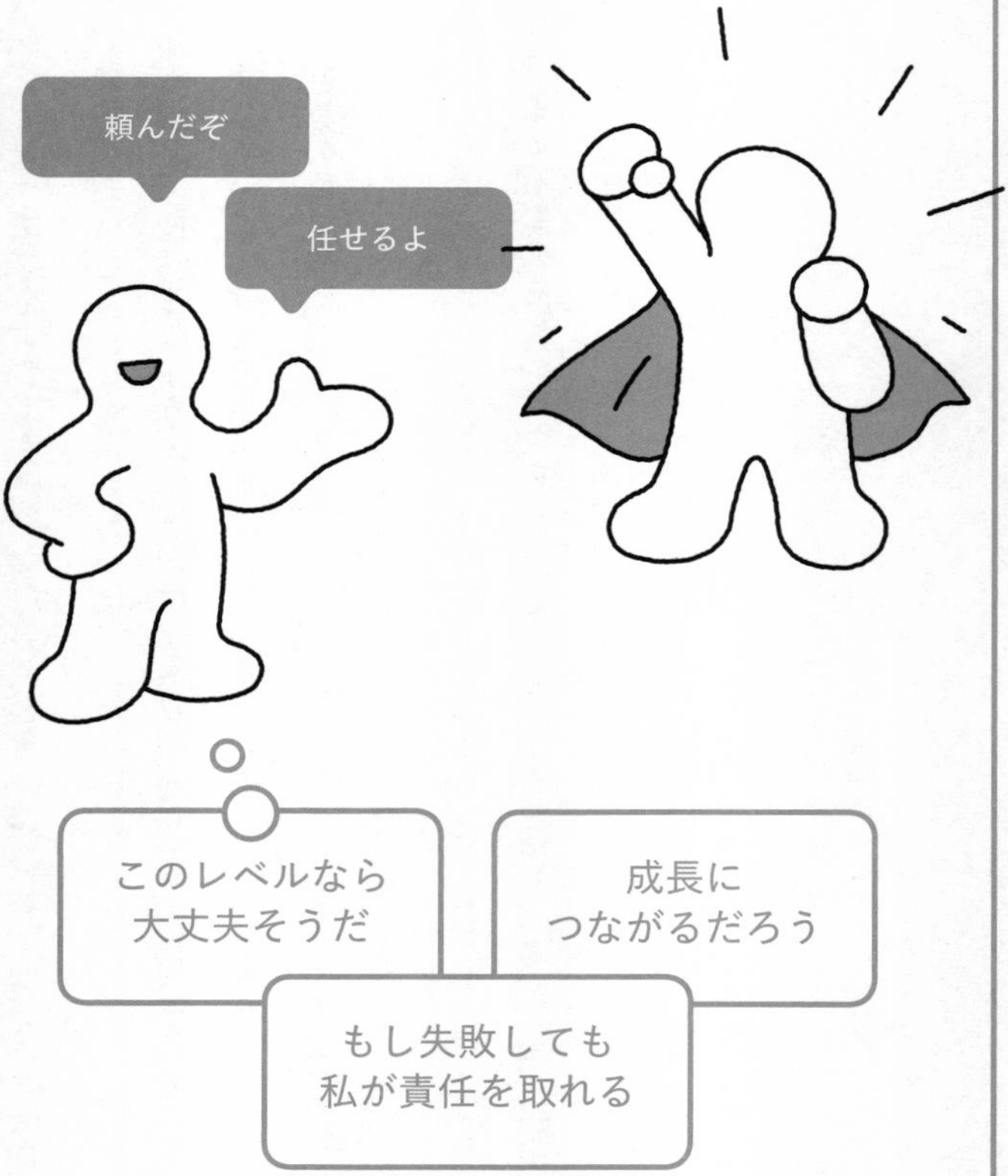

相手の影響力を言葉にして伝える

03

これまでの人生で他人からもらったいわゆるほめ言葉の中で、今でも覚えている最高の言葉は何でしょうか。小学校のときに先生から言われたこと。人生の転機に両親から贈られた言葉。親友が何気ないときにふと発した言葉。ちょっと時間をかけて思いを巡らしてみてください。

私の場合、そう問いかけられると頭の中によみがえってくるひとつのシーンがあります。

24歳のとき、私は広告代理店に勤めていて、ふとしたことからあるテレビ局の常務と一対一でお酒を飲むことになりました。今振り返るとどうしてそうなったのか、なぜ駆け出しの広告マンが放送局の常務のような方とさしで飲むことになったのか、その理由はあまり覚えていません。が、そのときに常務が私にかけてくれた言葉は、今でもとてもはっきり覚えています。

少し低く落とした声で常務はこう言いました。

「君の前だとなんか正直になるな。気楽に話ができるよ」

一瞬頭がぼーっとなってしまい、何と切り返して良いのかわからずにもじもじした記憶があります。30年以上経った今も、そのシーンは克明に内側のスクリーンに刻み込まれています。

相手の行為や存在に対して明確に「言葉」で承認を与える場合、大きく分けて2つのスタンスがあります。それはＹｏｕとＩです。

Ｙｏｕのスタンスから相手の行為、存在に承認を与えるというのは、例えば「今回のレポートよく書けてるね」「努力家だね」「すごくやさしいわね」などです。つまり、あなたの行為、存在はこのようにすばらしいと相手に伝えることです。

Ｉで承認するというのは、**相手の行為、あるいは存在そのものが、自分に対してどのような影響を与えているのか**を言葉にして伝えることを指します。「君のおかげで今回の件はとても助かったよ」「君と机を並べているとこっちまでエネルギーが湧いてくるな」。

どちらが良いということではありませんが、長く人の心に残るのは、どちらかというとＹｏｕよりもＩであるようです。それは、人はどこか深い部分では、自分がどのように他人に影響を与えているのか、聞いてみたいと思っているからです。

自分の影響が確認できるということは、自分の存在価値が確認できるということであり、この社会の中における自分の居場所を明確に認識するようなものです。だから真剣なトーンの「Ｉ」はとても強く人の心に届くのです。

その常務が私に投げかけてくれたのは、まさにＩのアクノレッジメントでした。その瞬間私の体の「枠」がくっきりはっきりそこに描き直され、彼の言葉は30年という月日を経た今日まで私の中に残り続けました。

もし、みなさんが部下に対して、30年間相手の心に残るＩのアクノレッジメントを伝えようと思ったら、どんな言葉を投げかけますか。

実際に伝えなくてもいいですから、ぜひ考えてみてください。

心に残る"I"の言葉

相手の存在価値を高める紹介

04

紹介がうまい人というのがいます。それは、決して派手な言葉を使うわけではないけれども、紹介される側の存在価値を確かにその瞬間高めてくれる人です。

第三者に対して（時には大勢の人々に対して）自分に存在価値があることを強く印象付けてくれるわけですから、これは非常に効果の高いアクノレッジメントになります。だから、その紹介してくれた人から何か頼まれたりすると、いっちょやってやろうか、という気になります。

私は1年間で約２００日、企業に出向いてコーチングの研修を行っていた時期がありました。ごく稀な例外を除いては、研修担当者の方が冒頭で私のことを紹介してくださいます。つまり、１年間の研修で約２００回、他人から紹介されたことになります。そこで気付くのは、とても心地の良い、その人のために一肌脱ぐぞと思うような紹介がある一方で、居心地が悪くなるような、もう帰ろうかなと思ってしまうような紹介もあるということです。

帰りたくなるような紹介は、自分のディフェンスのためにこちらも巻き込んでいくような紹介です。

「コーチングがすべての解答ということではないでしょうし、先生もお若いですから、全部の答えが研修で見つかるわけではないとは思いますが……」

こんなことを言われては、どの面下げて前に出て行けばいいんだろうと思ってしまいます。年に２００回研修をしていても、人前で話すということは毎回それなりの緊張があるのですから。そういう会社に限って講師用のお水もタオルも用意されていなかったりします。ああ、人を大切にするというカルチャーがないんだなと思ってしまうわけです。

ものすごくほめてくださる担当者の方もいます。

「鈴木先生はアメリカの大学院を出られ、日本に戻ってきてコーチングを始められました。この分野では草分け的存在です。本も出版されていて、コーチング関係の本ではいちばん売れていると聞いています……」

決して悪い気はしませんが、そのメッセージを聞いた参加者は自分に対して嫉妬心を抱かないだろうかとか、余計な気を回してしまいます。居心地はあまり良くはなりません。

私にとって最良の紹介は「I」で紹介してくれる人です。つまり私の講義が、私という人間が、その人にとってどんな意味をもたらしたかを伝えてくれる人です。

「公開講座で鈴木先生のお話を一度お伺いしました。わずか1日の講座でしたが、自分の中にたくさんの気付きがありました。お話はどれもとても新鮮で、教えていただいたコーチングのスキルを実際に自分の部下に試してみて、確かにうまくいくなと思うものがいくつかありました。また、私が休み時間にした質問にもとてもていねいに答えてくださって、コーチングを伝えたいという先生の想いに強く自分自身が感動しました……」

こんなふうに紹介していただけると、もう自分の実力以上のものまでご提供したいというような気持ちになります。こういう紹介には、200回のうち10回ぐらいしか出会わないのですが。

さて、みなさんは自分の部下をどんなふうに周りに紹介しているでしょうか。

自分の課に中途社員やバイトの人が入ってきたとき、その新人さんたちに。他の課とプロジェクトが発生したとき、他の課のスタッフに。上司が変わったとき、その上司に。あるいは担当を引き継ぐとき、顧客に。または自分の家族にというケースもあるかもしれません。そういう際に、謙遜が高じて部下をおとしめる結果になっていませんか。反対に、相手が受け取りきれない「You」で紹介していませんか。

意外に自分の部下を第三者に紹介する機会は多いと思います。そしてそれは部下を動かすための、またとないアクノレッジメントの機会ともなるのです。

ぜひ想像してみてください。次にそうした機会が訪れたときに、どのように部下を紹介することができるのかを。

紹介は絶好のアクノレッジ・チャンス

［ おとしめるのは NG ］

彼はまだ若くて
頼りない
部分も……

［ 過剰にほめても居心地が悪くなる ］

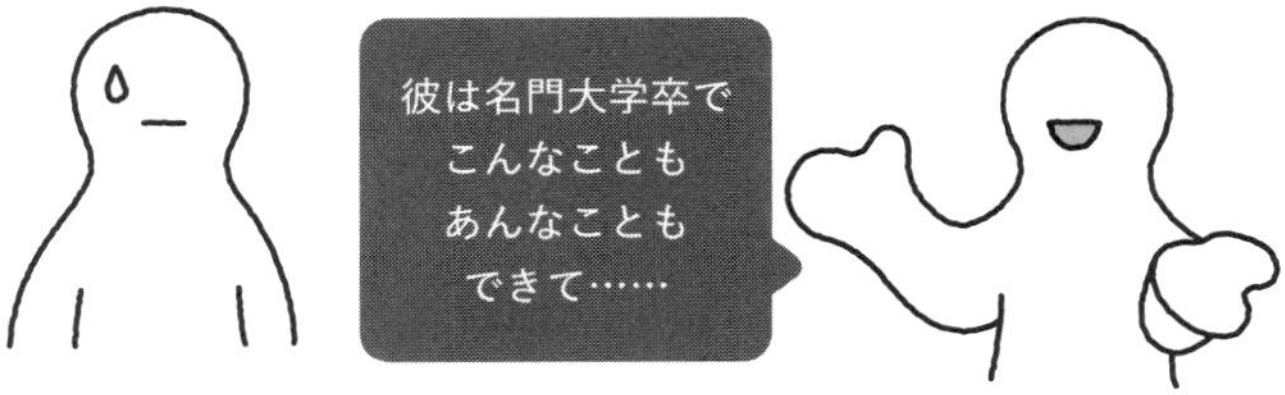
彼は名門大学卒で
こんなことも
あんなことも
できて……

［ “I” で伝える ］

彼は私に
とって……

怒らずに叱る

05

コーチングをしているときに、しばしば管理職や経営者から「このご時世、部下を叱っても良いものでしょうか?」という質問を受けます。

先日もある証券会社の幹部の方が、「最近は叱ると辞めちゃうんだよねえ、若いのが」とため息交じりに言っていました。

彼はこう言います。

「一昔前は部下を叱ると、何くそと、激流に逆らって泳ぎ上る鯉のように立ち向かってきたもんだ。毎日毎日目標が決められていて、夕方になって外出先から部下が電話をしてきても、そこで目標に届いていないと『達成するまで帰ってくんなー!!』とどなる。そういう緊張感の中で、ある意味上司も部下も真剣勝負をしていたんだ」と。

ところが今強く叱ると、「それなら外資に行きますから」とか、「そこまで言われて会社にいたいとは思わない」などと、簡単に若い人が職場を離れてしまうそうなのです。離職率が高くなれば、マネジャーとしての管理責任も問われますから、「いつでも辞めていいぞ」とこっちがカードを切るわけにもいきません。さて、どうしたらいいのだろうというぼやきです。

そうした質問、嘆きに対しては、たいてい次のように答えます。

「叱ってもいいと思いますが、怒らないほうが良いでしょうね」

向こうはきょとんとした顔をします。

基本的には、叱るというのは、それを言うのは自分にもリスクがあるけれども、相手の成長のために、リスクを越えて、相手に正直にネガティブなことを直言するということです。ですからスタンスはFor you（あなたのために）です。

一方、怒るというのは、相手が自分の思いどおりにならないために、自分の中に起こったいら立ち、ざわつきを解消しようと感情を相手に向けて爆発させてしまうことです。スタンスはFor me（私のために）です。電車の中で子どもにぎゃー、ぎゃーとわめいている親御さんをよく見かけますが、ほとんど怒っていますね。決して叱っているわけではありません。顔を見るとわかります。

ちょっと前までは、上司は部下を気楽に怒れたのでしょう。

目標を達成しない部下にいらつき、あるいは部下に目標を達成させることができない自分にいらつき、さらには部が目標を達成していないということを上から自分が責められる恐怖にさいなまれ、マグマのような感情を部下にぶつける――普通で考えれば相手から「ふざけるな！」と辞表を叩きつけられても仕方のないところですが、以前は怒るということを「システム」がサポートしていた部分があります。

「やらなければどうなるかわかってるんだろうな」というような脅し文句が、企業でも、学校でも、体育会○○部でも通用したからこそ、上は下を心おきなく怒ることができたわけです。

でも今はだめです。怒ると関係が悪くなります。部下が辞めます。業績はあがりません。

だからこそ、ちゃんと叱りたいわけです。相手のことを想い、相手の成長を願い、相手の行動上（人格上ではなく）の否を簡潔明瞭に伝え、そして期待も伝えるのです。ちゃんと叱ると、相手は「自分のことを大事にしてそれを言ってくれた」「自分のためにあえて苦言を呈してくれた」と思えるものです。アクノレッジメントを伝えられたと感じるわけです。

そうでない叱り方は「そうは言われてもねえ」「現場のことも少しは考えてくれよ！」と反発を招いてしまいます。

みなさんは部下を怒っていますか。叱っていますか。あるいは見過ごしていますか。

相手のことを想って叱る

「怒る」は
FOR ME

「叱る」は
FOR YOU

- 思い通りに
ならないいら立ち
- 自分が上から
責められる恐怖

- 「行動」を指摘
- 相手の成長を願う
- 相手への
期待を伝える

06 自分で答えずに相手の意見を求める

コーチングの哲学を表現するフレーズのひとつに「答えは相手の中にある」というのがあります。

上司が一方的に指示を与えてしまうのではなく、少し我慢して部下に問いかければ、実はそこにすばらしい答えが眠っている可能性があるのではないか。昨今のように急速に変化しつつある経営環境の中では、後方支援の上司よりも、最前線で現場を見聞きしている部下の側にこそ、より妥当な答えが潜んでいるのではないか——こうした考えがこのフレーズの背後には横たわっています。

この考えにすぐに共鳴してくださるマネジャーもいれば、「部下に聞いても良い答えなんかそうそう出てこないよ」というスタンスをなかなか崩さない人もいます。

後者のスタンスをなかなか変えないマネジャーに、このフレーズが本当に機能するということを知っていただくために、研修で次のような課題を出すことがあります。

「この1週間、部下から相談されたときは、自分から結論を出さずに、とにかく最低1回は部下に、君はどう思うんだ、と聞いてください。たとえ相手から答えが返ってこなくてもいいですから、答えを出すのはその後にお願いします」と。

半分くらいのマネジャーは半信半疑で臨みます。そんなことをしてどうにかなるのかと。

血液検査会社のAさんもそんなマネジャーのひとりでした。忙しいさなかにあっては、マネジャーがいち早く的確な指示をくだすべきだろうと思っていたのです。が、乗りかかった船、彼はとりあえず2週間は、その課題を実践してみようと思いました。

部下が、「この件に関してはいくらに値段を設定すると良いでしょうか」と聞いてくると、それまでは間髪を入れることなく答えていたのに、この2週間は必ず、「君はどう思う?」「その根拠は何か」と聞くようにしました。

2週間もそれを続けていると、今まではただマネジャーの意見を求めるだけであった部下の営業マンが、こちらから尋ねる前から、この件はいくらいくらでいきたいと思います、なぜならこれこれの理由があるからです、と言ってくるようになったそうです。Aさんは一言「驚いた」と感想を漏らしていました。

相手の答えを求めるということは、たとえ結果としてこちらが望むような答えが返ってこないとしても、答えを求めたというその事実自体に価値があります。

それは、俺はお前の答えを大事にする用意がある、お前の答えや考え方に関心がある、というメッセージになるからです。

タイガー・ウッズの元コーチのブッチ・ハーモンは、練習のときまずタイガーに聞いたそうです。「タイガー、今日はどんなボールを打ちたい？」と。前出の慶應大学ラグビー部の上田元監督も選手に聞きました。「次の対戦相手に向けて、どういう練習をしたらいちばんいいと思う？」と。

意見を求めるというのは、その相手に対する大きなアクノレッジメントです。

相手の中では期待されている、信頼されているという意識が高まります。信頼してくれている人に対しては、行動を起こして応えたいという気持ちが湧き起こるものです。

だから部下に問いかけたいのです。たとえ答えが返ってこなくても、「どうしたら良いと思う?」と。できれば真剣に相手の目を見据えて、君にはそのことを解決する能力がきっとあるという雰囲気を前面に押し出して。

意見を求めることも相手へのアクノレッジメント

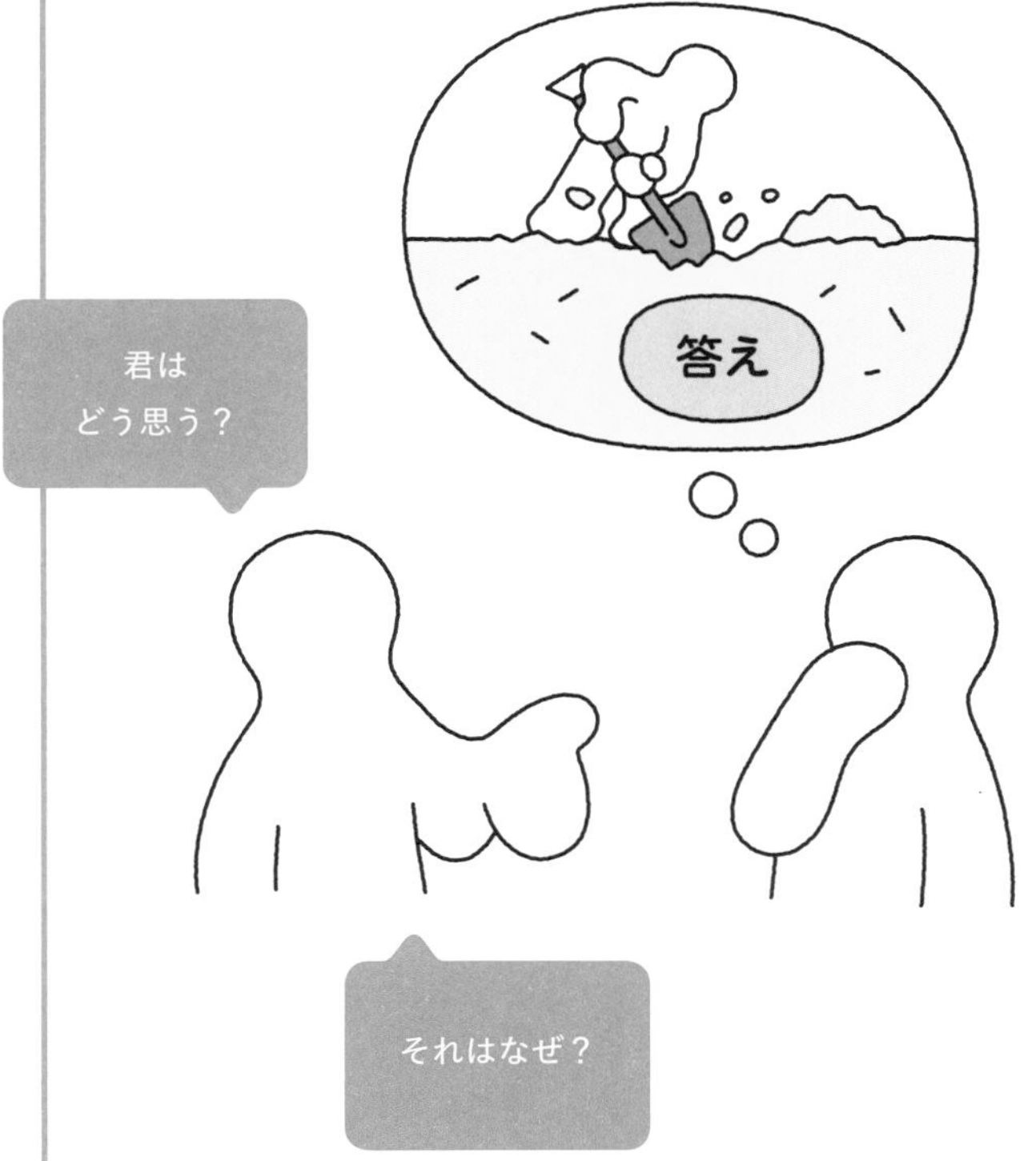

問いかければ、
相手の中に眠るすばらしい答えが
見つかるかもしれません

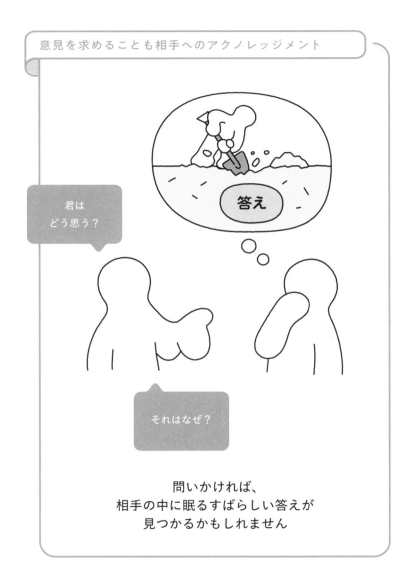

謝ることの力

07

ある不動産会社の社長をコーチングしていたときのことです。この社長は、年齢は50代半ば、身長は１７５センチメートルぐらいあり、白髪頭をオールバックにしています。いつも一重の目から鋭い眼光を周りに放っていて、基本的にはトップダウンのマネジメントスタイルで会社を経営してきました。

いつもはこちらから問いかけないと話し出さない社長が、そのときは自分から口火を切りました。聞くと、福岡にいる部下が新規事業で1億円近い損失を出した。本来なら頭から湯気を出してどなりつけるところだけれど、この新規事業は自分が旗振り役となって進めてきたもので、損失の直接的な原因は部下にあるものの、無理を承知で急かしてきた自分にもかなりの責任があると思う。今、部下はこのことでとても苦しんでいるだろうから、少しでもその心労を和らげるために、自分が福岡まで行って謝りたいと思うがどうだろうか——という内容でした。

社長は私にこう問いかけました。

「謝ってもいいと思うか、鈴木さん。社長たるもの、やはり社員に謝るべきではないとも思うが……君はどう思う?」

私は答えました。

「社長が謝ったら、きっとその社員の方は喜ぶと思いますよ。謝っても社長が失うものは何もないいんじゃないですか」

長い沈黙がありました。実際には30秒ぐらいだったのかもしれませんが、私には本当に長く感じられました。軽く咳払いをし、社長は一言、低く落ち着いた調子で言いました。

「わかった。謝ってくるよ」

社長はその3日後、多忙なスケジュールを何とかやりくりして福岡に赴きました。朴訥な社長ですから多くは語りませんでした。たった一言、部下の眼を真剣に見据えて「本当にすまんかったな」、そう伝えたそうです。

次のコーチングのセッションで社長が切り出しました。

「実はな、福岡に行った次の日、部下からメールが来たんだよ。ちょっと読んでいいか」

そのメールには、社長がわざわざ福岡まで自分のために足を運んでくれて、そして一言謝ってくれて、どれだけ自分が救われたか、どれだけ感動したか、どれだけこの会社で働いてきたことを誇りに思えたか……等々、その部下の想いが延々と綴られていました。トータルで5分ぐらいかかったでしょうか、終始社長は本当にうれしそうにそのメールを読んで聞かせてくれました。

上司も人間です。判断を誤ることはあるでしょう。みなさんは、これまで部下に謝ったほうが良いのではないかとの想いが頭をよぎったことはありますか。そのときは結局どうされましたか。

部下に謝るのは、そう簡単なことではありません。自らの組織の中におけるアイデンティティが危険にさらされる可能性があるのですから、何の負荷もなくできることではないでしょう。

しかし逆にいえば、謝られたほうは、その言葉が真剣であればあるほど、上司が自らのアイデンティティをリスクにさらしてまで、部下である自分のアイデンティティの確保に努めてくれたと思うでしょう。

つまり、組織の一員として君を必要としているという、とても強いメッセージ、アクノレッジメントを受けたと思うわけです。

今度、謝ったほうが良いのでは、との気持ちが浮かんだら、腰を引きながら「ごめん、ごめん」ではなく、一歩踏み出し、相手をほめ認めるという意識で謝ってみませんか。これまで以上の信頼関係が醸成されるきっかけになるかもしれませんから。

謝る勇気はありますか？

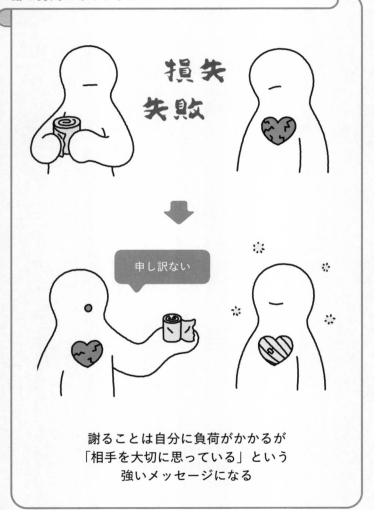

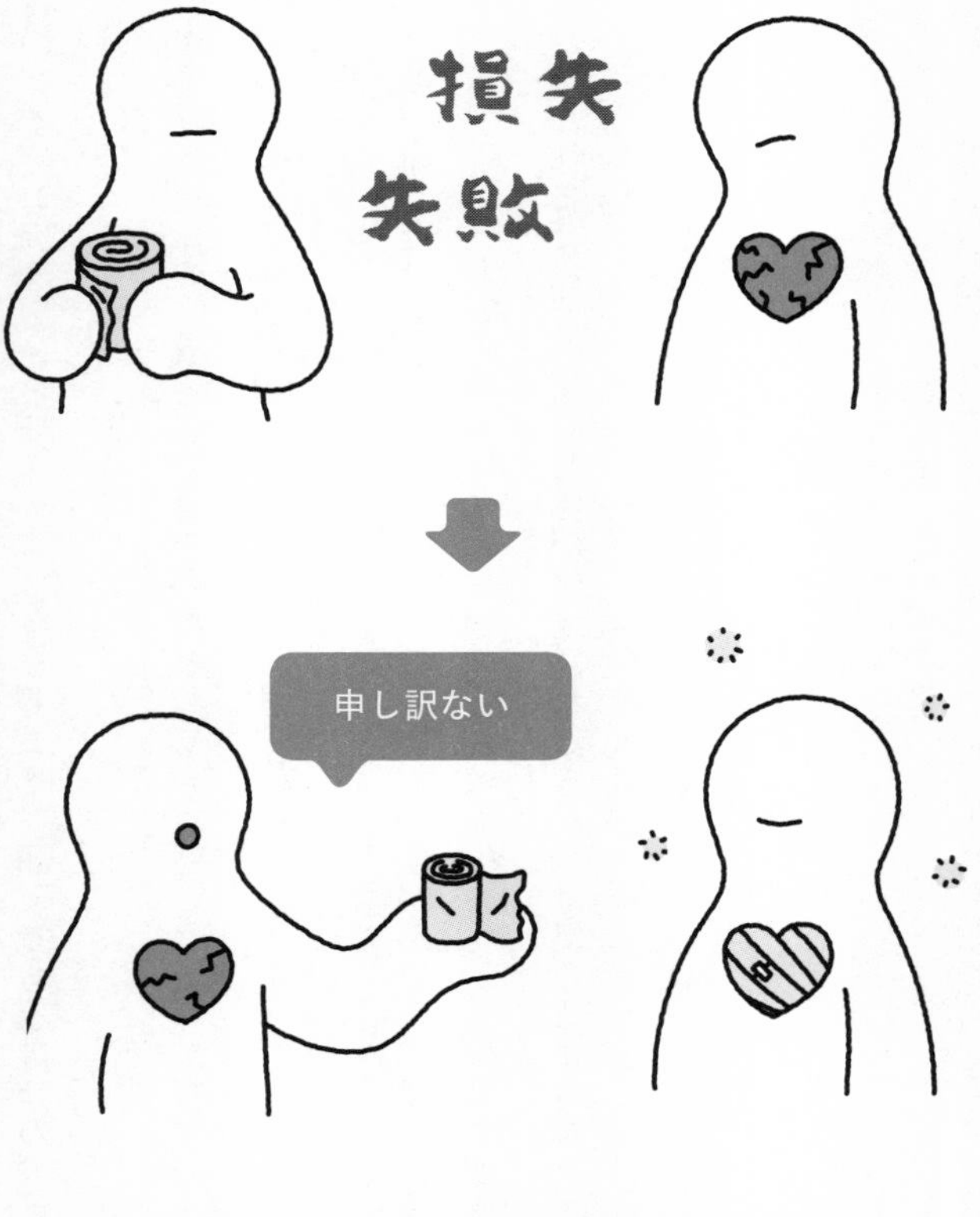

謝ることは自分に負荷がかかるが
「相手を大切に思っている」という
強いメッセージになる

08 ノーと言う選択権を与える

東京の青山にあるフランス料理の店で、知人と食事をしていたときのことです。横から大きい声が聞こえるのでそちらのほうに目を向けると、いかにもビジネスマンという感じの男性が6人でひとつのテーブルを囲んでいるのが見えました。

大きい声の主は、その中で真ん中に陣取った50過ぎの男性です。あまりに声が大きかったので、聞くともなしに聞いていると、その男性は大手商社の部長さんで、あとの5人は全員部下のようでした。

部長さんはいろいろなことについて話されていましたが、基本的な文章構成はほとんどすべて一緒でした。「いいか、これからの中国との取引はな……」「課長になるっていうことはな……」「子どもを育てるっていうことはな……」。すべてが、物事はこうすべきだという一方的な押し付けでした。

彼の正面向かいに座っている部下の人たちは部長から丸見えですから、本当に言葉の一つひとつに一生懸命あいづちを打っていました。問題は部長の横に座っていた2人の部下です。基本的にはふんふんとうなずいているのですが、部長の視線が来ないと思うと、斜め下を向いて、「はあ～っ」とため息をもらしているのです。でも部長はそんなことには気付かずに延々と持論を展開させていました。

研修でマネジャーに、過去に上司や同僚からアドバイスを受けた際に、「そういう言われ方をするとどんなに良いアドバイスでもちょっと聞けないな」と思ったのはどんなときでしたかと聞くと、多くの人が「一方的に押し付けられる、有無を言わさぬアドバイス」と答えます。結果としてそのアドバイスを行動に移しましたかと聞くと、これまたほとんどの人がノーと答えます。

一方的なアドバイスにはアクノレッジメントがありません。相手のことを考えているとか、相手を心底大事にしているというよりは、教えたい、自分にはそれだけの知識があることを誇示したいという、アドバイスする側のニーズを満たしているにすぎないことが多いのです。

そうした部分を感じ取れば、いくら表向きはイエスと言っても、相手がそのアドバイスを行動に転化することはありません。

だから、アドバイスするときには相手に選択権を与えたいものです。「僕はこう思うけれども、君はどう思う?」と。別にそれに対してノーと言っても構わない、その権利が君にはある、ということを明示してアドバイスをしたいものです。

なぜなら**選択権を与えるということはアクノレッジメントだからです。**君の判断を僕は最優先させると言っているわけですから、そこには相手に対する承認がありま す。

たとえそのアドバイスを相手が選ばなかったとしても、「この人は自分の判断を重く受け止めて、優先させてくれた」という意識が相手の中に残るのは、長い目で見れば上司部下の関係にとって非常に良いのです。

ところが実際に現場で多いのは、圧倒的に、余計なおせっかい、強制、押し付けです。これは「判断は常に上司がするものだ、君はそれに従え」と言い続けることになりますから、部下はそのたびに「逆」アクノレッジをされることになります。このパターンは、親と子どもの間でも非常に多く交わされるコミュニケーションで、これが子どもの自尊心や自発性を削ぎ取っていくことは想像に難くありません。

最近、医療の世界でコーチングを学ぶ人が増えてきています。それはドクターであったり、看護師さんであったりします。杏林大学の保健学部では学部の一講座になっているくらいです。

その理由はいくつかありますが、特に重視されている点は、ドクターがコーチングの手法を生かしながら、どういう治療を施すのがいいのかを最終的に患者さんに決めてもらうと、経過が良くなるケースが多いということです。

もちろん、何の説明もなく「どうしますか?」ではなく、「これと、これと、この治療法がある。それぞれにこういうメリットとデメリットがある。最終的な判断はあなたに任せるから選んでほしい」と伝えるわけです。

このように治療法を選定させると、一方的にドクターが治療法を決定する場合に比べて、患者が早期に回復するというリサーチが出ています。

相手に治療方法を決めてもらうことには、さまざまな意味合いがあると思いますが、おそらく何よりも大きいのは、患者さんが、自分の判断をドクターが信頼してくれているという想いを抱くことでしょう。すると関係は対等になり、依存ではなく責任の意識が強く芽生え、そして何とか病気を乗り越えようとする強い力が生まれます。

ドクターが、「こんな選択肢があるけどどう?」みたいなことではまずいでしょうが、「あなたにはそれを選ぶ権利があるし、与えられたデータの中でそれを判断する力もある」、そんな気持ちを込めて言うと、そこにはアクノレッジメントが生まれます。

みなさんはどれだけ、部下に選択肢を与えていますか。アドバイスの機会をアクノレッジメントのチャンスとしていますか。

判断を任せることもアクノレッジメント

[一方的なアドバイス]

強制

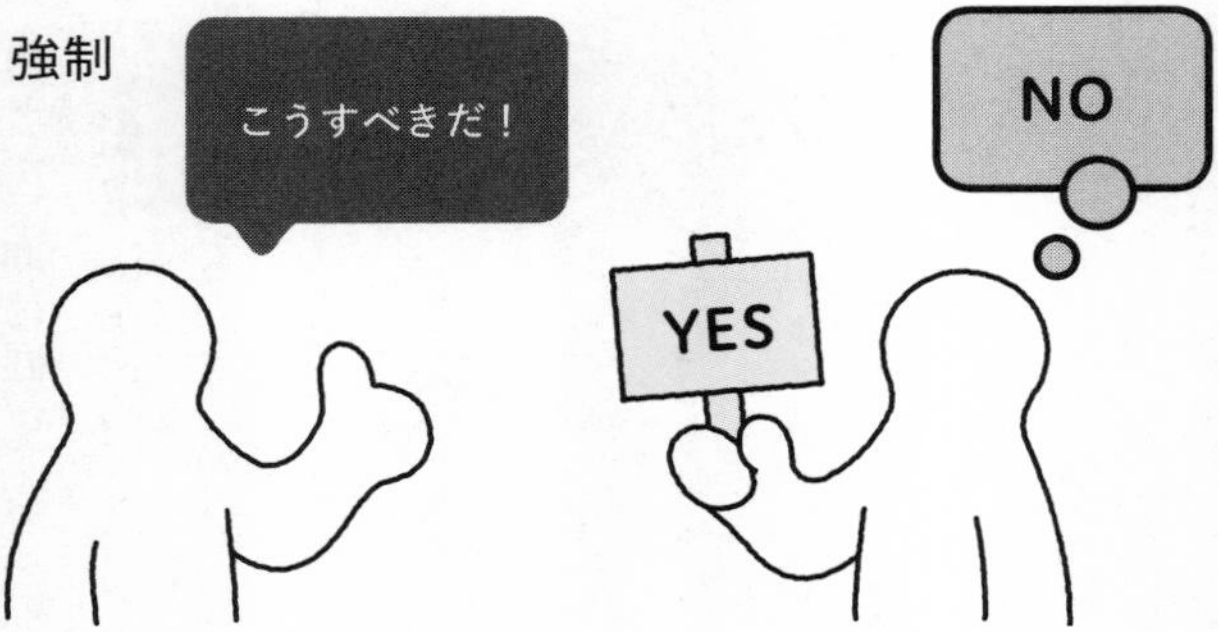
こうすべきだ！
NO
YES

[判断をゆだねるアドバイス]

選択権

こうすべきだと
思うけど、
君はどう思う？
YES
NO

部下を接待する

09

マネジャーから「部下が口ではやると言うのに、蓋を開けてみるとやっていないということがけっこうあるんですが、どうすればいいんでしょう?」という質問を受けることがあります。するとすかさず「部下を接待してますか?」と返します。向こうはきつねにつままれたような顔をしながらこう言います。「部下をですか? 接待?? ?」と。

もしあなたが営業マンで、とても大事なお客様と食事をすることになったとしたら、どのようにふるまいますか。まず場所の選択から始めますよね。大事なお客様であればあるほど、ここに来て良かったと喜んでもらえるような場所を選ぶでしょう。隣の居酒屋にふらっと行ったりはあまりしません。

ドアを開けてお客様を先に通し、先に座っていただき、そしてお酒が出てくればそれを相手に注ぐ。お醤油が必要であればお客様の小皿にすっと差す気遣いを見せ、つまみが切れれば次に何を食べたいかを問いかける。そして何よりも相手の話に真剣に耳を傾け、一言一句聞き漏らさない。当然お金はこちら持ちで、別れ際には、今日という時間がいかに楽しかったか、同席することができてどれだけ光栄であったかを伝える――おおむねこんな流れではないでしょうか。


これとまったく同じことを部下にすればいいのです。最初から最後まで同じことを。

「ええ～、なんで！」という人もいるかもしれませんが、接待とは、要するに「**相手がいかに自分にとって大切な人であるかを伝える場を設ける**」ということです。

何とかこのお客様とパートナーシップを組みたいと思えば接待するわけですし、この女性を（男性を）何とか口説き落としたいと思えば、やっぱり接待するでしょう。

部下を本気で動かしたいと思ったら接待しても良いと思いませんか。

デール・カーネギーが書いた『人を動かす』という本は、モチベーション理論の名著と言われています。１９００年代の初頭に書かれた本ですが、その内容は今読んでもとても新鮮で、気付かされる部分がたくさんあります。

二百数十ページあるその本の中で、カーネギーが繰り返し繰り返し言っているのが、もし誰かを動かしたければ、本当にその人を動かしたいのであれば、彼（彼女）に対して「重要感」を感じさせろ、ということです。重要感、英語で言えばsense of importance。これをどれだけ相手に伝えられるかによって相手の動きは変わるというわけです。

だからたとえ相手が部下であったとしても、飲食をともにするせっかくの機会には、重要感を伝えたいところです。

上司が自分のストレス発散のために部下を飲みに誘い、酒を注がせ、聞きたくもないであろう愚痴や小言を延々聞かせるというのは、まずいわけです。本当にまずいのです。これをやっておいて「最近部下が動かないんだ」というセリフは言ってはいけないでしょう。

先日弊社のスタッフがある食品販売の会社にヒアリングに行きました。その会社の販売店の売上が、マネジャーが変わるとまったく別物になってしまうとのことで、売上をあげられるマネジャーとそうでないマネジャーでは、いったい何が違うのかをリサーチするというのがその目的でした。

東京のある販売店では、Aというマネジャーのときには売上が減少の一途をたどり、職場を離れる人が何人も出ました。これではまずいと思った本部はBというマネジャーに指揮を執るように指示を出しました。

Bマネジャーが統括をするようになって2か月もすると、なんと販売員全員が自分の売上目標をクリアし、そして1年経っても誰も仕事を辞めませんでした。そこで、この販売店の販売員何人かに、いったいAさんとBさんでは何が違うのかと聞いたところ、いくつかのことが明らかになりました。

まず、この販売店では毎週月曜日、朝に例会をやるのですが、そのときに伝えることがAさんとBさんではまったく違うのです。Aさんはひたすら数字に言及したそうです。目標に対して現在何％だ、あとこれだけやらなきゃだめだ、というように。

一方のBさんは数字のことは一切言いません。その代わり「今日は外は雨だからな、足とか滑らせて転ぶなよ。気を付けて行ってこい」などと、部下を気遣う言葉ばかりを頻繁に投げかけるのです。

それからこんなこともありました。冬の寒い日、営業マンが外から帰ってくると、Aさんは自分のために入れたコーヒーをふ〜ふ〜言って飲みながら、大して視線も合わせず、気のない声で「お疲れ」と言っていました。対するBさんは、寒さで体を硬直させて帰ってきた営業マンを見ると、「おい、コーヒー飲むか？」と言って、わざわざ自分が席を立ってコーヒーを入れてくれました。部下はもう感動するそうです。そして思います。この人のためにがんばりたいと。

接待は夜だけに行われるものではありません。昼間の接待も十分可能です。お客様に対して使うその「技」を、ぜひ部下に使ってみませんか。あまり構えず気楽な気持ちで。

部下を気遣い、重要感を伝える

あなたが大切なんだ

10 メールはクイックレスポンスで

人を動かすことがうまい人は、とにかくありとあらゆる機会をアクノレッジメントのために使っているようです。そういう人にとっては、サイバー空間すらアクノレッジメントの格好の場となります。

私がコーチングしているベンチャー企業の社長さんの話です。この会社は店頭公開を果たした会社で、ここ数年で社員は20人から5倍近い１００人に増えました。現在も業績は好調です。この社長さんのもとには毎日１０００通を超えるメールが来ます。１０００通です！　これらのメールは自動でソートされ、すぐに読む必要があるメール、後回しにして良いメール等に分けられます。それでもすぐにリターンする必要があるメールは２００通近くあるそうです。

彼は朝6時に起きるとまずメールをチェックします。いちばん先にチェックするのが、午前2時、3時まで会社に残って仕事をしていた部下が送った日報だそうです。そしてその日報にはすぐに返事を書きます。

想像してみてください。明け方までへとへとになって働いて家に帰り、わずかな睡眠を取って会社に出てみると、そこには明け方自分が書いた日報への返信がすでに届いているのです。しかも社長から。そこから感じ取るメッセージが「お疲れ」なのか「体壊すなよ」なのかはわかりませんが、きっとその社員は「ああ、がんばってよかった」と思うでしょう。日報ですから特に返事を書く必要はないのです。そのままにしておいても何の問題もありません。でも彼はそうしません。うまくいっている会社は、何気なくうまくいっているわけではないんだなと強く思いました。

第1章の最初で、弊社の立ちあげに協力してくれたアメリカ人コーチのことをお話ししました。彼に最初に弊社の社長がコンタクトを取ったときは、まだ本当にコーチングが事業として成り立つのかどうか不明瞭で、雲をつかむようなところがありました。日本に招くのもコストがかかることですから、リスクがあったわけです。

その彼とパートナーシップを組んでやってみようと思えたのは、何よりもメールに対する彼の返事がとても速いことでした。コーチングや、事業の展開の仕方についてわからないことがあって、社長がメールを送ると、時差がある中でどうしてそんなにメールが速く返ってくるんだというくらい返事が速いのです。これを3、4回経験して、自分たちの中における彼に対する信頼はあっと言う間にできあがりました。

それからアメリカ人のコーチたちとのネットワークもずいぶんと広がり、彼らにメールを送ることがしばしばあります。そうするとたまに「今誰それは不在であり、いついつオフィスに帰るので、そうしたらメールを送ります」という文章が自動送信で流れてきたりします。日本でもこれだけメールのやり取りが普及していながら（前記のベンチャー企業の社長さんほどではありませんが、私も1日200通近いメールを受け取ります）、「今いないからちょっと待っていて」というような自動送信書をもらったことがありません。

向こうが投げたボールに対して、そのボールをすぐに返す、というのは相手に対するアクノレッジメントとなります。逆にボールをいつまでも返さないでいると、その程度にしか自分のことを思っていないのだと思われかねません。

アメリカ人は言葉の上でもシステムの上でも、とてもアクノレッジメントが進んだ国です。アクノレッジメント先進国です。それは、多種多様の人種、民族が集まっているために、お互いの間に起こる摩擦をできる限り軽減させたいという意識が、アクノレッジメントを進化させたのだと考えられます。形式だけが進んでしまって、心がついていっていないという問題が昨今のアメリカの一部では見られる気がしますが、形式の部分でも良いところがあれば、私たちも取り入れて良いのではないでしょうか。

みなさんも、メールにはすぐに返信していると思っているかもしれませんが、問題は部下から来たメールに対してそれをしているかということです。「えっ、もう返事が来たんだ」というようなスピードで。できれば相手に対する承認と感謝の言葉を添えて。相手が一瞬そのメールから視線をあげられなくなるような言葉を添えて。ぜひ試してみてください。

相手から受け取ったボールはすぐに返す

いつまでも返事をしないと
「その程度にしか思っていない」と
受け取られてしまう

11 贈り物をする

マンツーマンのコーチングは、通常3〜4か月を1クールとして行います。1クールが終わると、もう1クールコーチングを実施するのかどうか、契約を更新する意思があるかどうかをクライアントに尋ねます。コーチングをしていて、ある意味最も緊張する瞬間です。

いくら日頃のセッションで「コーチングは役に立ちますねえ」などとクライアントが言っていても、契約を更新しないということは、結局その程度だったということになるわけですから。スポーツ選手のコーチが、選手のほうから、あなたの世話にはもうならない、ひとりでやるからと絶縁状を突きつけられるようなものです。

もちろん、リピートする場合もあれば、しない場合もあるのですが、中には頻繁にリピート契約を取るコーチというのがいます。いろいろとリサーチしていくと、高いリピート率をあげているのは、決して切れの良い「すごい！」と言われるようなコーチングをしているコーチばかりではありません。それどころか、そういう切れの良いコーチングを表に打ち出すようなコーチの中には、意外にリピート率が低い人もいたりします。

では、何クールも何クールも繰り返しコーチングを受けたくなるコーチというのは、いったい他のコーチと何が違うのでしょうか。いくつか要素はあるのですが、そのうちのひとつはどうも「贈り物」をたくさんしている、ということらしいのです。

例えば、クライアントが部下のマネジメントをテーマにコーチングを受けていたりすると、マネジメント理論として秀逸と言われているような本をわざわざ買って来て贈る。雑誌に役立つ情報が載っていれば、すぐにコピーを取ってそれを贈る。誕生日などはもちろん覚えていて、カードや心のこもったプレゼントを贈る。出張に行けば、その出張先から短い言葉を添えて絵葉書を贈る——等々、たくさんの贈り物をしているわけです。

贈り物をされるとうれしいのは、突きつめると、**自分のために時間と体とお金をわざわざ使ってくれた、その相手の努力が贈り物の向こう側に垣間見えるから**です。

ポイントはどれだけの努力がそこに介在するかです。高額であれば良いというものではありません。

億万長者からブランド物をプレゼントされても、その人に対する気持ちは劇的には変わらないでしょうが、同じような暮らしをしている友だちが、本当にいつもお世話になっているからと奮発して買ってくれた物にはありがたみを感じるはずです。

暇で暇で時間を持て余している人からもらった長い手紙よりも、どこにそんな時間があるのだろうと思うくらい超多忙な人からもらった短い手紙に感動を覚えたりするものです（もちろん内容にもよりますが）。

つまり、リピート率が高いコーチというのは、クライアントに、こんなに自分のことを思ってくれているんだ、味方なんだと始終感じさせているわけです。「味方」を人は簡単に手放しはしないということです。

だからこそ、部下に対しても贈り物をしたいものです。大げさなものでなくても良いから、忙しい合間に贈り物を見つけましょう。

営業の帰りにケーキやお饅頭を買って帰る。出張に出ればお土産を買って帰る。部下の誕生日は必ず自分の手帳に付けておいて、ちょっとしたものをプレゼントする。部下が悩んでいるテーマがあれば、一方的に自分の考えを伝える代わりに、そのことを解決するヒントとなるような本を贈る。ちょっと風邪気味の部下には栄養ドリンクを買ってきてあげる――このように君のことを大切に思っているというメッセージを「もの」に乗せて伝えるのです。

自分にはできないなどと言わないでください。犬の世話をすると犬が大事に思えてくるのと同じで、部下に贈り物をしているうちに、部下のことが一層大事に思えてきますから。

相手への承認を「もの」に乗せる

大げさなものでなくてもOK

LESSON 03

たった一言で気持ちは伝わる

01

修飾せずに観察を伝える

企業で管理職に対してコーチングの研修を行っていると、たまに聞かれるのが「ほめるのが大事なのはわかってるけど、なかなか物が売れない時代だし、そうほめるところも簡単に見つからないんですよ。どうしたらいいんですかね?」という質問です。

ほめるというのは、基本的に成果や結果に対して承認の言葉を投げかけることです。これがアクノレッジメントの唯一のバリエーションになってしまうと、やはりきついでしょう。いつもいつも目に見える成果が出るとは限らないわけですから。

でも部下のスタンスに立てば、こんなにやっているのに、こんなに努力しているのに、そのことは認めてもらえないのかというのが必ずあるはずです。

自分の努力のプロセスを見てもらえずに、「何にもしていないだろう」といった言われ方をするのは、やはりカチンと来ます。

何回も言いますが、昔はそれでも良かったのです。「大きなプレゼント」がやってくるまではじっと耐えられました。でも今はだめです。自分のやっていることになかなか確信が持てないですから。

だからこそ頻繁に伝えましょう。「今こうしてるね」と。ほめてはいないけれども、君がそこに向かって行動していることは知っている、それは価値のあることだ、その方向性で良いんだ、ということをリマインドしてあげる必要があります。

営業マンであれば「今週新規3件訪問したんだってな」。技術開発の人であれば「プログラムは第Ⅲフェイズまで書けたんだな。もう少しだな」。汎用的に使えるものとして「時計はオメガなんだね」「新しいネクタイだね」「髪の毛切ったんだな」……。

歯が浮くようなことをあえて付け加える必要はありません。見たまま、聞いたままを口にすればそれでいいわけです。あなたに関心があるよ、というトーンに乗せて。

前出の「野球人」清水さんは、2001年の4月から9月まで、埼玉県のある高校の野球部の総監督として指揮を執っていました。いきなり降って湧いたような監督が、選手の心をつかむために最初の3週間でとにかく努めたのが、選手を穴があくほど観察することだったそうです。

そして見たことをただ伝えてあげるのです。「今朝はずいぶん早く来て練習の準備をしていたな」「君はすごくスパイクやグローブを大切にしてるんだな。よく磨いているところを見るよ」「君は声が大きくて通るな」。

特にほめているわけではないけれど、そのことについては知っているよ、気が付いているよと、ただ繰り返し繰り返しメッセージを投げかけました。すると1か月ほどで選手の「好奇の眼」は「信頼の眼差し」に変わったそうです。

そして、この高校は夏の全国高校野球大会で見事甲子園初出場を果たしました。もちろんさまざまな要因があってのことだと思いますが、清水さんの観察力は甲子園初出場に数%の貢献をしたはずです。

とにかく観察です。部下を見ることです。見ていないと何も言えません。

今日部下がどんなネクタイをしていたか覚えていますか。どんな靴を履いていたか知っていますか。髪型がぱっと思い浮かびますか。部下が話をするときに好んで使う表現を知っていますか。

家ではどうでしょう。妻を、夫を見ていますか。お子さんを見ていますか。

本当に見ていますか。

観察しなければ何も伝えられない

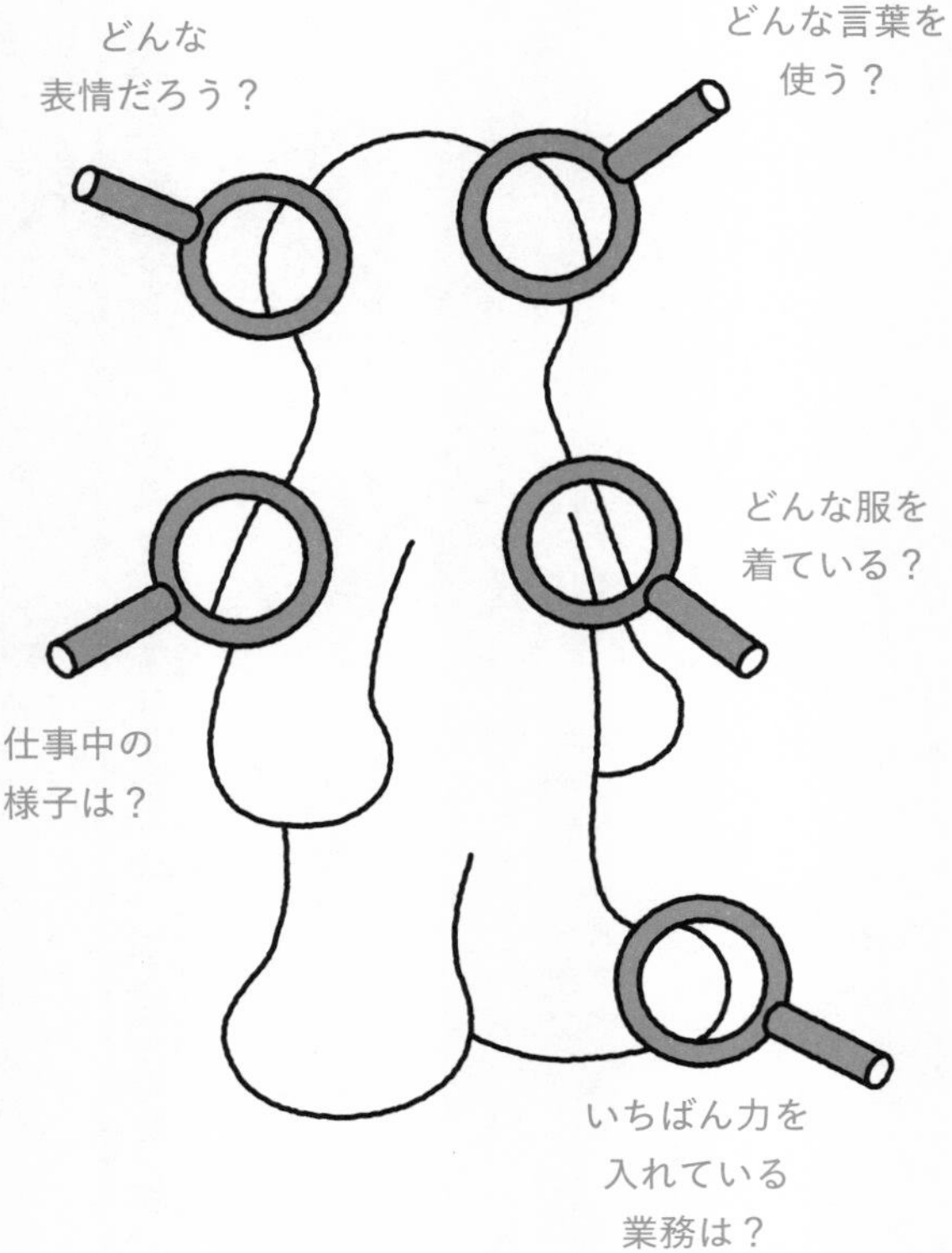
どんな
表情だろう？
どんな言葉を
使う？
どんな服を
着ている？
仕事中の
様子は？
いちばん力を
入れている
業務は？

よく見て、知るからこそ
相手をアクノレッジできる

02 頻繁に頻繁に声をかける

「とにかく会社の雰囲気を変えたい」

そんな言葉をコーチングを受けたいというオーナー経営者から聞くことが多くなりました。そうすると、私のほうではまず彼らにひとつのリクエストを出します。

「社員が社長のことをどう思っているのか、最低20人くらいから直接聞いてきてください。それから、自分にどうしてほしいのか、社員の要望も聞いてきてください」

ある印刷会社の社長は、このリクエストに応えて25人の社員にインタビューをしました。結果、彼が引き出した回答は、次のようなものでした。

「とにかく社長が側にいると緊張する」

「エレベーターに社長と同乗したりすると、息が詰まって苦しくなる」

「お手洗いで社長に横に並ばれると、緊張でなかなか用もたせない」……。

では、自分にどうしてほしいのかと問いかけると、ほとんどの社員が同じことを言ったそうです。「もっと社長から声をかけてほしい」と。

ビジネスの世界でも、スポーツの世界でも、結局チームがまとまるときには、そのトップ、あるいはトップに準じる人が、頻繁に頻繁に、とにかく頻繁にメンバーに対して声をかけているようです。

内容がどうであるかという前に、とにかく「君はこの会社、このチームのメンバーだ」というメッセージを投げて投げて投げまくるのです。メンバーが、自分はチームの一員として認められているかどうかということに一切気を回さなくて良いくらいに、とにかくアテンションを投げかけます。このことは、チームがまとまる十分条件ではないでしょうが、欠かせない必要条件であるようです。

不振に喘ぐ早稲田大学のラグビー部を２００１年にＶ字回復させた清宮克幸元監督も、とにかく選手によく声をかけたそうです。一軍に対してだけではなく、三軍、四軍、五軍にいたるまで頻繁に声をかけます。だからチームが一体感を持つようです。

シドニーオリンピックで日本の女子ソフトボールチームを銀メダルに導いた宇津木妙子元監督も、本当にまめに選手に声をかけていました。合宿中はお風呂にいちばん先に入り、後から入ってくる選手一人ひとり全員に言葉をかけたそうです。「今日はどうだった?」「最近どう?」といったぐあいに。

私の主観ではありますが、テレビを通して見ていても、確かにこのチームは勝利に向けて一丸となっているなという雰囲気が伝わってきました。「声かけ」はチームを一丸とすることに貢献したのだと思います。

きっとみなさんは、声なら自分も部下にかけているというかもしれません。ただポイントは、清宮元監督や宇津木元監督ほど頻繁にかけているかということです。どんなに自分の仕事が忙しくても、叫びたくなるくらいにいっぱいいっぱいなときでも、笑顔で、思いやりのある声で、部下に「よお、どうだ調子は?」と声をかけているかということです。

チームに金メダルを取らせるようなつもりで声をかけてみませんか。

一人ひとりに、頻繁に声をかける

あなたの声かけがチームをひとつにする！

03 本気のあいさつ

企業を訪問したり、お店に買い物に行くと、あいさつには2種類あることがわかります。ひとつは自ら進んで行う「自分のウィル（意志）」でしているあいさつで、もうひとつはやらされている感が透けて見える「他人のウィル」でしているあいさつです。

前者を聞いたときには、アクノレッジされたとの思いが高まりますから、瞬間的に距離が縮まるのを感じます。後者に触れたときは、ただ「音」が聞こえたという印象で、それによって関係が変化を起こすことはありません。

先日私の家の近くにコンビニエンスストアができました。近くに別のコンビニが2軒あり、決して経営環境は楽ではありません。

おそらく店長は店員にあいさつを元気よくしてもらうことによって、他のお店と差別化しようとしたのでしょう。そのコンビニに行くと、とにかく大きな声であいさつしてくれます。「いらっしゃいませ〜！」「毎度ありがとうございました！」。こちらが「おっ、何だ？」と、ちょっとびっくりするくらいの大きさです。

しかしこちらが良い気分になるか、本当に店に来たことを歓迎されたと思うか、物を買ったことを感謝されたと思うかというと、クエスチョンマークが付きます。ほとんど気持ちは動かされません。そこにまったくウィルがないからです。きっとあいさつしろしろ言われて、怒られるのが怖くてあいさつしているんだろうなあ、というのが垣間見えてしまうからです。

全員が全員ではないでしょうが、確かにディズニーランドのスタッフのあいさつにはウィルがあります。「おはようございます」の一言を決していい加減には発していないのです。入場ゲートでチケットを見るスタッフであれば、1日何千回も「おはようございます」や「こんにちは」を言うでしょう。でも1回が色褪せていません。そこにはゲストを大切にしようというウィルがあります。だからこそ毎回のあいさつがアクノレッジメントになるのです。

ということは、ディズニーランドにいるとあちこちのアトラクションの受付等で1日に100回ぐらいアクノレッジされたことになるわけです。すなわち100回存在を肯定されたことになります。これはとてもすごいことです。ディズニーランドにリピーターが多いのは、アトラクションの内容云々の前に、まずこのあいさつがあるからだろうとさえ思います。

さて、みなさんは部下にあいさつをするとき、家族にあいさつをするとき、どれだけウィルを込めているでしょうか。あくびをかみ殺しながらの「ち〜す」ではなく、できればあいさつを、この人生における奇跡的な出会いを称賛しあう行為にまで高めたいものです（ちょっと大げさに聞こえるかもしれませんが）。

アメリカで公園を散歩していると、すれ違う人からとてもすがすがしい笑顔であいさつをされることがあります。この広い世界の中で、ほんの一瞬、その場で出会ったその偶然を、その奇跡を称えあうかのように、あいさつが交わされるのです。いつもいつもではないにしろ、時として、確かにこれは単なる儀式ではなくて、お互いの存在を認め合う行為なんだなと強く実感する瞬間があります。私にとっては何にも増して「アメリカっていいなあ」と思える瞬間です。

一度で良いですから「本気」であいさつしてみてください。まず、鏡の前で何回も何回もその「本気」を練習してみましょう。そして朝、部下に会ったときには、しっかりとした、それでいて穏やかな眼差しを向けながら、少し声を低く落として伝えます。「おはよう」と。それまでのすべてのわだかまりを帳消しにして、新しい関係の始まりを予感させる「おはよう」を伝えるのです。

なお、そこで決して見返りを期待してはだめです。「おい、あいさつしろよ」なんて言ってしまったら、相手は例のコンビニの店員になってしまいますから。相手がどうあろうとこっちは「本気で」あいさつするのです。

もし部下にそんなあいさつをし続けたら、その部下もいつかディズニーランドのスタッフのように、周りにあいさつをし始めるかもしれません。もし妻にそんなふうにあいさつをし続けたら、いつの日か料亭の女将のように、心の底から労をねぎらうような声であいさつを返してくれるかもしれません。あくまでも可能性ではありますが。

意志（ウィル）を込めてあいさつする

CHECK!

- □ しっかりとした穏やかな眼差し
- □ 少し低く落とした声

別れ際の一言

04

山口良治先生をご存じでしょうか？　京都の伏見工業高校ラグビー部の総監督です。昔『スクール☆ウォーズ』というテレビドラマで、俳優の山下真司さんが主演されたラグビー部の監督のモデルになった方といえば、ピンと来る人も多いかもしれません。どうしようもない不良ばかりを集めた、大会に出ても1回戦負けばかりだったラグビー部を、たった7年で全国大会優勝チームに仕立ててあげてしまった監督さんです。今では一線を退いていますが、彼の「物語」はいまだにテレビで特集として取りあげられたり、雑誌の中で語られたりしています。

以前、この山口先生と神戸でお会いする機会がありました。先生の教え子でもあり、元ラグビー日本代表チーム監督の平尾誠二さん率いるＮＰＯ主催で開かれた「コーチング・パネルディスカッション」に参加したときのことです。

3時間にわたるセッションも終わり、しばらくパネラーやスタッフの方と雑談を交わした後、そろそろ帰ろうかと、控え室のドアを半身出かかったところで、山口先生が私に声をかけました。びっくりするような大きな声で。

「おい！　鈴木さん」

そして今度は少し声を落とし、真剣な、本当に真剣な眼差しでこちらを見据えながら、ゆっくりと噛み締めるように言いました。

「また、会おうな」

その瞬間、体に鳥肌が立ちました。電流が流れました。その日それほど多く山口先生と一対一でコミュニケーションを交わす機会があったわけではないのです。いわばまだあまり知らないストレンジャーに対して、このセリフ。そう言えるものではありません。

もしその後山口先生から「グラウンド10周走ってこい！」と言われたら、「はい！」と喜んで走ったかもしれません。こういう一言をかけられるから、この先生はいわゆる「不良」の心さえもぐっと捕まえてしまうのだなと思いました。

山口先生だけに限らず、私の知る限り、人心掌握に長けた人はこの別れ際の一言がものすごくうまいのです。決してそれを軽くは扱いません。どれだけ頻繁に会っている人に対しても、別れ際の一言には想いを込めます。その人が自分にとっていかに大事か、大切か、重要な人物であるかを瞬時に伝えるのです。

だから別れた後、アクノレッジされた側では1分、5分、時には何か月も何年も、そのすばらしい別れ際の一言をかけてくれた人のことを頭の中で思い起こすのです。私の場合、山口先生の顔を、新幹線が新大阪駅に着くぐらいまでの間ずっと思い浮かべていました。

手前味噌になりますが、弊社の会長はこの別れ際の一言が非常にうまいのです。夜に彼と食事をともにすることがよくありますが、別れ際、必ず彼がこう言います。

「お疲れさん。気を付けて帰るんだよ」

気を付けて帰るんだよ――何気ないセリフですが、これを言われるとその瞬間、ああ、大事にされてるんだな、と思います。別れた後、一瞬とても温かい気持ちになります。

私は彼から食事に誘われると、よっぽどのとき以外は、どんなに忙しくても断りません。もちろん彼との食事はそれ自体が楽しいですが、最終的にその「物語」がとても温かい気持ちで終幕することがわかっている、だからちょっと無理をしてでも行ってしまうのかもしれません。

1日に何回ぐらいみなさんは「別れ」を経験するでしょうか。お客様と、同僚と、部下と、あるいは家族と。どのくらいその別れを大事にしていますか。

別れ際の一言を大切に

別れた後も相手の心に残る
「一言」を届ける

意志のあるあいづち

05

あいづちを打つのが本当にうまい人というのがいます。私の周りにも何人かいますが、この人たちに共通なのは、確かなウィル、つまり意志を持ってあいづちを打っているということです。決して無意識にオートマチックに首を振るわけではありません。こういう人たちが繰り出すあいづちというのは、その1回1回に「あなたを認める」というアクノレッジメントが込められています。だから、向かい合っていてもとても話しやすいのです。

いきなり毛色の違った話ですが、知り合いの経営者の方に誘われて、生まれて初めて銀座のクラブに行ったときのことです。どうふるまっていいのやらわからずに、最初はあたりをきょろきょろしていました。

ほどなくしてひとりの女性が横に座りました。慣れた手つきで流れるようにウイスキーの水割りを作り、私の前にそのグラスを置きながら、何の前触れもなく、唐突に私に質問しました。すごく落ち着いた透明感のある声で。

「鈴木さん、鈴木さんの夢って何ですか」

銀座は最初からクライマックスなんだなと、わけのわからないことを考えながらも、何となくうれしくなって話し始めました。

「そうですね、将来はアメリカのシアトルというところに住んでみたいと思っているんですよね」

それに対して彼女は、たった一言、「シアトル〜」。そう返しました。


「私はこれから始まるあなたの話に100%耳を傾けますよ」、そんな意志が「シアトル〜」の一言には込められていました。その瞬間思いました。ずっと自分が話していても良いんだと。仕事柄、プライベートでもちょっと自分が話すと相手に話す間を譲ろうと思ったりします。でも彼女の「シアトル〜」の一言は、そんな遠慮をまったくかき消してしまうものでした。たったひとつのあいづちです。でもそこには確かなウィルがあったのです。「私はあなたを認めます」というウィルが。

結果として私は、1時間もべらべら自分の夢を話してしまいました。それだけ長い時間一方的に話し続けるというのは、私にとっては本当に珍しいことでした。

ウィルのないあいづちを打つ人というのはすぐにわかります。こちらの話がどうであろうが、ただ同じペースで繰り返し打ち、そしてあいづちの語尾が下がります。「へぇ」「そう」「ふ〜ん」。抑揚はほとんどありません。こういう人に限って自分が話す段になると、妙にアクセントが付いたりします。

以前、ウィルがないどころか、本当にあいづちを打たない社長のコーチングをしたことがあります。こっちを見てはいるものの、とにかくうなずかない、まばたきしない、合いの手を入れないのです。

こちらは自分の話がどれくらい伝わっているのかの確認が取れないため、緊張が高まり、次の言葉を流暢に継げなくなってきます。そうするとうまく話せていないというのがさらに緊張を高め、余計に言葉が滞ってしまいます。

問題なのは、自分がどんなあいづちを打っているかについてはほとんど無意識だということです。この社長もそうでした。

セッションの途中に私が「社長、私の話にあいづちを打たれないんで、本当に話しにくいです」というと、「あいづち？　打ってるだろ」。ただの1回も打ってないのにです！　それくらいあいづちは無意識です。パターン化しています。

ですから周りの人に一度確認してみると良いかもしれません。「俺の（私の）あいづちってあなたを話す気にさせてる？」と。

そして意識してみましょう。あいづちをただの「音」で終わらせるのではなく、相手の存在を肯定するアクノレッジメントへと昇華させるために。

一つひとつのあいづちにも意志を込める

[無言やワントーンでは話しづらい]

[意志のあるあいづち]

自分のあいづちを確認してみよう

06 リフレイン

私は以前、アメリカの女子刑務所で、女囚さんたちを相手に心理カウンセリングをしていたことがあります。刑務所ですから、重厚な机の後ろで革張りの椅子に腰掛けて、「さあ、何でも話してごらん」とかっこよくカウンセリングしていたわけではありません。

ものすごく大きな、天井の照明が薄く切れかかった体育館があって、そこにスチール製の足が錆付いた椅子をぽんぽんと2つ並べて、囚人さんと向かい合って話をします。もちろん2人きりということはなくて、体育館の片隅には必ずガードマンがいてこっちを観察している、そんな中でのカウンセリングでした。

アメリカの女子刑務所に収監されている人のうち、約60％は何らかの形で幼児虐待を受けた経験があると言われています。私がカウンセリングしていたひとりの女性も例外ではなく、子どもの頃に実の父親から性的な虐待を受け、母親からは毎日のように「お前さえ生まれてこなければ、お前さえ生まれてこなければ」と言われ続けて育ちました。

大人になり、結婚した男性から暴力を毎日のようにふるわれ、絶望の淵でドラッグに手を出しました。薬物の影響下で、意識も朦朧とした状態で自分の子どもをちょっとしたことがきっかけで殴り叩き、それが直接の罪状で収監されたのです。

初めて自分のボスの精神科医から彼女を紹介されたときには、思わず目を疑ってしまいました。右目の黒目が完全に上にめくれあがってしまっていて見えないのです。白目が完全に剥けていました。人に対する強い憎悪を抱く彼女は、おそらく何十年もの間、周囲をものすごく強い目で睨み続けてきたのでしょう。誰も信用できずに、自分を守るために、ただ目の周囲に誰も入り込むことができないような、強い強い防衛線を張って。彼女の顔を見た瞬間、背筋が寒くなるのを感じました。人の顔は感情でここまで歪むのかと。

通常セッションは週1回40分間行われます。刑務所があるのはテネシー州、アメリカ南部の州です。彼女もテネシー州ナッシュビルの出身で、南部なまりがものすごく、しかも最下層の環境で育ってきましたから、使う単語自体も「何それ？」と思うような聞いたこともない俗語（ストリート・スラング）をよく使います。ですから40分間のセッションで、30〜35分は私としてはひたすら聞くことしかできないのです。こちらから積極的に介入するようなカウンセリングは、なかなかできないわけです。

彼女が言います。「My mom did …… to me.（私のお母さんは私にこんなことをしたのよ）」。私は答えます。「She did.（そうだったの）」。再び彼女が言います。「My dad was like …… .（私のお父さんはこんな人だったの）」。また私は答えます。「Oh, he was.（そうなんだ）」。彼女が発した言葉の重さを変えずにそのまま返すのです。彼女はまた言います。「I did things like …… .（私はこんなことをしてしまったのよ）」。私はもう一度返します。彼女の重さを同じように味わいながら「You did.（そんなことがあったんだね）」と。

私が彼女に対してできたのは、彼女の言葉をリフレイン、つまり繰り返してあげること、ただそれだけでした。

7回か8回目のセッションが終わったとき、ひとつのことに気が付きました。彼女の上にめくれあがった黒目が少しずつ下り始めてきたのです。右目は白目だけでなく、黒目も見えるようになってきました。

そして15回目のセッション。これで私がもう日本に帰るので最後のセッションだというときに、彼女が詩を書いて持ってきてくれました。

その詩は基本的にすべて紙にタイプで打たれていましたが、なぜか最後の一文だけは、タイプではなく、自筆で、しかもかなり強い筆圧で記されていました。詩に何が書いてあったかは正確には覚えていませんが、その最後の一文だけは何回も何回も読んだので、今でも内容や字体が脳裏にくっきりと焼き付いています。

そこにはこう書いてありました。「Thank You for showing me that I do count.」と。I do count の count は数えるという意味です。つまり直訳すると「私も数えられるひとりなんだ」となります。文全体を訳すと「私にも価値があるということを、初めてあなたは私に教えてくれた。ありがとう」となります。

私は特別なことをしたわけではありません。She did. He was. You did……とにかく彼女の言葉を繰り返しただけです。

ただ、彼女の語る一文一文に対して、何もすることはできないけれども、あなたがそこに今そうして存在しているそのことだけは知っているよ、という気持ちだけは毎回言葉に込めて繰り返しました。

大学院のカウンセリングのクラスで学んだ「リフレイン」という手法が、確かに人の「存在」を承認しうるということを知った初めての体験でした。

相手の言葉を繰り返す

相手の言葉やその重みをそのまま
リフレインする（繰り返す）ことが
相手の存在を認めることになる

部下に対するリフレイン

07

前項の刑務所での話は、特別な場所での特別な関係が、特別な生育環境を経験した人に対して引き起こしたものです。とはいうものの、企業研修等の中でこの話に触れ、どうも相手の話に耳を傾けるということには、言葉をリフレインしていくということには、とんでもない力があるようだと、真剣に思ってくださるマネジャーが少なくありません。

製薬会社のマネジャーに対してコーチング研修をしていたときのことです。刑務所での話をした後の休み時間に、ひとりのマネジャーが私のところに来て、こう言いました。

「いや〜、鈴木さん、良い話だったよ。俺ももう少し部下の話を聞かなきゃいけないなと思ったよ。いつもどなってばっかりだからね。これからは聞くよ。本当だよ」

少し冗談めいた言い回しに一抹の不安を覚えながらも、去り行くマネジャーの肩越しに「がんばってくださいね」とエールを送りました。

この会社の研修のプログラムには、集合研修の後に、フォロー研修で電話会議というのが付いていました。実際にコーチングを現場で部下に試してみてどうだったかというのを、同一回線上で複数の人間が同時に話すことができる電話会議システム上でお互いに発表しあい、うまくいかないところがあればアドバイスを受け、より実践的なコーチングを身に付けていくというものです。これが基本プランでは2週間に1回30分、合計4回、約2か月間継続されます。

第1回目の電話会議のとき、このマネジャーに「その後どうですか？　部下の話を聞いてますか？」と尋ねました。

それに対して彼が答えました。「いや〜、聞いてよ鈴木さん、実はね……」。聞くと、部下でひとりなかなか売上のあがらないMR（製薬会社の医薬情報担当者）の部下がいて、いつも「何で売上があがらないんだ！」とどなり散らしていたそうです。やる気があるのかないのかよくわからない部下の顔を見るたびに、マネジャーはいらついていました。

研修が終わって1週間ぐらい経ったある日、お昼ご飯を食べようとその部下をうどん屋に誘ったそうです。テーブルの向こうで、あつあつのうどんをふ～ふ～言いながらすすっている部下を見ながら、マネジャーはふと思いました。「何で、こいつは売上があがらないんだろう？」と。それまでも「何でだ！」と何回もどなってはいたわけですが、初めて純粋に興味と関心を覚えたというのです。

で、「何でさあ、お前売上あがらないんだろうねえ？」と、彼の顔を見ながらマネジャーは尋ねました。その問いかけには、マネジャー曰く、そのことについて聞きたい、関心がある、お前をサポートする用意があるという気持ちが乗っていたようです。

すると、彼は一瞬マネジャーの視線を探るように覗き込んだ後、それこそ立て板に水のごとくに、次から次へと自分の現状について話し始めたそうです。それまでは何をマネジャーから聞かれても、「まあ」とか「特に」とかぐらいしか答えなかった彼が、ここぞとばかりに話し始めました。実はドクターとこういうところで煮詰まっていて……家でも最近こんな問題があって……。とにかく話して話して話し続けました。マネジャーはそれを聞きながら、もういろいろなことが言いたくなったそうです。そして喉の先まで出かかりました。それはこうしたほうが良いだろう、ああしたほうが良いだろう……。次から次へとアドバイスが浮かびました。しかしそのたびに、刑務所の中で私がひたすら女囚さんの言葉をリフレインしている映像が浮かんだそうです。そして我慢しました。今回だけだと思って。アドバイスをする代わりに「そうか」「そんなことがあったのか」「大変だったな」と、リフレインしながらとりあえず聞いてみました。気が付いてみると1時間が過ぎていたそうです。

2か月経って、これで電話会議も最終回だというときに、そのマネジャーに聞きました。「あのMRさんはその後どうですか?」。彼は答えました。「ちょっとずつ良くなってきてるよ。まあこれからだな」。

それからさらに3か月が経ち、ある雑誌の記者から、コーチング研修の記事を書きたいので、誰か研修を受けた企業のマネジャーを紹介してもらえないかという依頼を受けました。そこでこのマネジャーを紹介しました。

ちょうどその頃、その会社では四半期の営業の締めの時期で、各メンバーの成績が発表されたところでした。うどん屋の件のMRさんは、初めてその営業所でベスト5に入り、表彰まで受けていました。

マネジャーが「どうしてがんばれたんだ?」とMRさんに聞くと、こう答えたそうです。

「追い風が吹いたというのは要因としてあると思います。新薬に対して、自分が担当していたドクターが非常に好意的で、たくさん注文を出してくれましたし、家の問題もとんとん拍子にうまく片付きました。ただ加えて、ちょっと前にマネジャーがうどん屋で僕の話をただじっと聞いてくれましたよね。あれは自分にとって、今考えると大きな転機になったと思うんです。もう一度がんばろうという気持ちになれたというか」

結局このマネジャーとMRさんのストーリーはそのまま雑誌に紹介され、電車の中吊り広告の見出しにもなりました。「コーチングで営業力アップ」と。

話を聞けば営業成績はあがるのかというと、もちろんそんな単純なことではないのは十分わかっています。他にも成績を左右する要因はたくさんありますから。

それに部下の不平や不満を聞くのが必ずしも良いと言っているわけでもありません。いつも愚痴のようにだらだら不平不満を口にする部下に対しては、「不平や不満をいうのはやめてほしい。どういう解決策があるのか提示してほしい。僕に対してリクエストがあればそれは言ってほしい」、というような毅然とした態度を取ることもときには必要だと思います。

しかし、部下が一度でいいから聞いてほしい、本当に困っている、というようなトーンで不平不満、迷いを口にしたときは、とことん聞く必要があるでしょう。

そしてそんなときには、アドバイスをされる以上に部下はまずリフレインされたいのかもしれません。そういう状態にあるときには、部下は何にもまして自分に味方がいることを確認したいものです。上司はリフレインすることで、自分こそがその味方であるということを、強く示すことができるはずです。

リフレインで「味方」だと示す

［すぐにアドバイスしては真意がわからない］

［リフレインをしてとことん聞く］

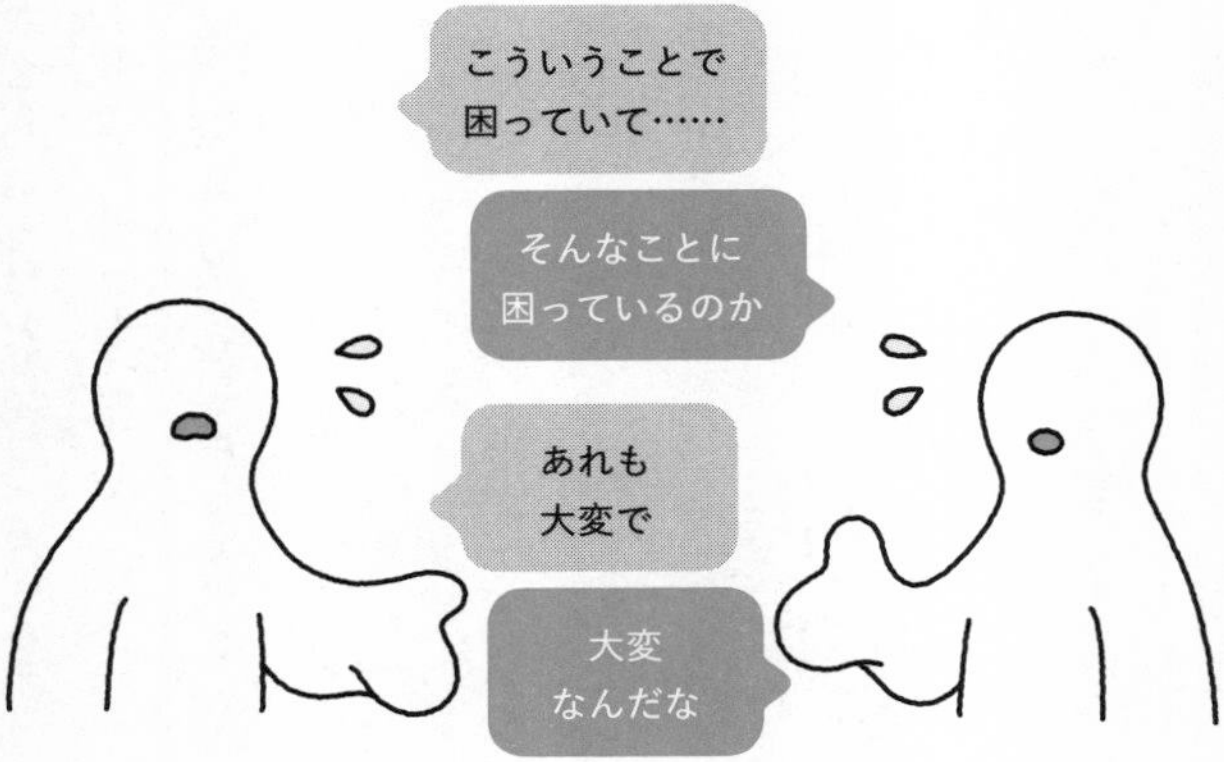

部下が本当に困っていそうなときには
アドバイスよりもまずリフレイン

LESSON 04

人によって接し方はさまざま

01 4つのタイプ

ここまでご紹介したアクノレッジメントは、どんな人に対してもある程度汎用的に使うことのできるものだと思います。これはこっちの人には「効く」けれど、あっちの人には「効かない」、ということはあまりないと、経験からは判断しています。もちろんアクノレッジメントは、切れの良いものを1発出せば、それで1か月何もしなくても良いというものではなく、日々の関わりの中での積み重ねが大事であることは、言うまでもありませんが。

ただもう少し細かく見ていくと、人の「タイプ」によって受け取ることのできるアクノレッジメントには若干差があるようです。つまりあるタイプの人は、ある種のアクノレッジメントを非常に心地良いと感じるけれども、別のタイプの人にとってはそうでもなく、それどころか、不快とさえ感じてしまうことがあるのです。ですからアクノレッジしようというときには、ある程度は相手のタイプを見極めて接したいし、少なくとも抵抗を引き起こしてしまうようなアプローチはしたくないわけです。

人は厳密に見れば百人百様、十人十色なわけですが、どうも傾向としていくつかのタイプに分かれるらしいとは、昔からよく言われてきました。古代ギリシアの時代に、すでにヒポクラテスが人には4つのタイプがあると断じていましたし、2000年にアメリカで発刊されたある学術誌は、DNAには人の気質を司る遺伝子が数タイプ存在する可能性がある、とのリサーチ論文を掲載しました。

コーチングでは、思考のパターンと外界との関わり方にもとづいて、人のタイプを大きく4つに分けています。

- 人や物事を支配していくコントローラー・タイプ
- 人や物事を促進していくプロモーター・タイプ
- 全体を支持していくサポーター・タイプ
- 分析や戦略を立てていくアナライザー・タイプ

この項では、それぞれのタイプがどのような特徴を持つのかをまずご紹介したいと思います。

コントローラーの特徴

コントローラーは行動的、野心的で、自分が思ったとおりに物事を進めることを好みます。過程よりも結果重視で、リスクを恐れず目標達成に邁進します。決断力があり、物の言い方は単刀直入。ペースが速く、また自分のスピードに相手を合わせようとします。弱みを人に見せることは滅多になく、またやさしい感情を見せることは不得手です。他人から指示されることが何よりも嫌いで、人をコントロールしようとします。その一方で義理人情にはとても厚く、人から頼りにされると断れないようなところもあります。

もっとわかりやすく、典型的なコントローラーを描写すると……こちらの話が少しでも長くなると、多少のいらつきが顔に表れ、あいづちが早くなり、先を急がせようとします。こちらから質問したことには、とても短く無駄は極力省いて答えようとします。さらにくわしい説明を求めようとしても、なかなか必要最低限のことしか話しません。その一方で質問によってではなく、自分から話し始めたときには、気がすむまで話すような饒舌さがあります。

お世辞を言ったり、お愛想笑いをするようなことはあまりなく、人を寄せ付けないようなピリッとした表情をしていることが多いタイプです。どうでしょう。周囲でコントローラー傾向が強いなと思う人がいますか。

プロモーターの特徴

次にプロモーターです。プロモーターは自分のオリジナルなアイデアを大切にし、人と活気あることをするのを好むタイプです。事を仕切るのが好きで、また、得意でもあります。自発的でエネルギッシュ、好奇心も強く、楽しさこそ人生と思っています。多くの人に好かれます。新しい仕事を始めるのは得意ですが、中長期的な計画を立てたり計画どおりに行動するのは苦手です。人との関わりでは、感情表現は豊かで、話すときに身振り手振りが大きいのが特徴です。

典型的なプロモーターは……よく話します。話の展開が非常に早く、ひとつのことを話していたかと思うと、次の話題に移っていたりします。身振り手振りが大きく、擬音語や擬態語、「ぐっとくるような」「ば〜んといこう！」といった表現をよく使います。自分の気持ちを表現するような言葉をよく使い、表情がとても豊かです。じっとしていることはあまりなく、しょっちゅういろいろな人に話しかけたり、歩き回っていたりします。飲み会の席等では仕切り屋になって話の中心にいることが多いタイプです。このタイプの人に覚えはありますか。

サポーターの特徴

サポーターは人を援助することを好み、協力関係を大事にするタイプです。周囲の人の気持ちに敏感で、気配りに長けています。一般的に人が好きです。自分自身の感情は抑えがちで、ノーと言うことを避ける傾向があります。自分の側からの提案や要求も控えめになりがちです。また、人から認めてもらいたいという欲求も強いのが特徴です。

典型的なサポーターはいわゆる「いい人」で、こちらの言うことに対して頻繁にあいづちを打ち耳を傾けてくれます。こちらから質問を投げかけても、突拍子のないことを言ったり、防衛をかけて答えを最小限に収めようとしたりはしません。こちらの意図にあった「正しい」答えを返そうとします。話の前に「一度聞いたことがあるかもしれませんが」といった前置きが付くことが多いのと、話した後にうなずくなどして、こちらの期待に添った解答をできたかどうか確かめるのが特徴です。一緒にいると、こちらが快適に過ごせるようにとても気を遣ってくれます。

アナライザーの特徴

アナライザーは行動の前に多くの情報を集め、分析し、計画を立てるタイプです。物事を客観的に捉えるのが得意で、堅実な仕事ぶりを発揮します。完全主義的なところがあり、ミスを嫌います。一方で変化には弱く、行動は慎重です。人との関わりも慎重で、感情はあまり外側には出しません。助言者やコメンテーターという「傍観者」になりがちです。

典型的なアナライザーは……話をするときは慎重に言葉を選んでいきます。プロモーターのように考える前に口が動いているというようなことはなく、考えをまとめ、整理し、それからアウトプットします。ゆえに、質問をされると、即答せずに、多少反応時間が長くなります。「そうですねえ」「ええっと」など、間を取る言葉が多くなります。感情表現は「うれしい！」のように直接的ではなく「あのときはけっこううれしいって思いましたね」のように客体視した表現を多く使います。じっくり考えていることが多いので、表情はクールで、時にさめていると見られることもあります。

以上の4つのタイプなのですが、例えばこの人はコントローラーといったときに、その人がコントローラー的な要素しか持たないということはありません。当然他のタイプの要素も併せ持っています。

ただ、まんべんなく4つのタイプの特質を持っているかというとそうではなく、比較的傾向の強いタイプというのが、どうも人によってひとつないし2つあるようです。

152ページに自分がどのタイプに属しているのかを判断するための簡単なチェッ

クテストを用意しました。部下や家族など、身近な人のことを思い浮かべて診断してみるのもよいかもしれません。

なお、このチェックテストは、コーチ・エィが運営するテストサイトTest.jp（https://test.jp/about/cti/）に掲載されている「タイプ分け™」診断のテスト項目から一部抜粋しました。

それに続くページでは、それぞれのタイプはどのようにアクノレッジするのがより効果的かを見ていきたいと思います。

あなたの コミュニケーション タイプは？

以下は株式会社コーチ・エィの「タイプ分け™」 診断テストからの抜粋です。こちらは簡易版ですが（実際には設問がこの倍の40項目あります）、ある程度の傾向を見ることは可能です。

完全版での診断を試されたい方は https://test.jp/about/cti/ にアクセスの上、会員登録をしてテストを受けてみてください。

あなたの日頃の人との関わり方やものの考え方を振り返り、下の項目について、該当する数字を◯で囲んでください。職場を始め、生活上での役割から少し離れて、本来の自分はどうかというところで判断してみてください。

1＝よくあてはまる　2＝あてはまる　3＝あまりあてはまらない　4＝あてはまらない

1	自己主張することが下手だと思う	1	2	3	4
2	常に未来に対して情熱を持っているほうだ	1	2	3	4
3	他人のためにしたことを感謝されないと悔しく思うことがよくある	1	2	3	4
4	嫌なことは嫌と、はっきり言える	1	2	3	4
5	人にはなかなか気を許さない	1	2	3	4

6	人から楽しい人とよく言われる	1	2	3	4
7	短い時間にできるだけ 多くのことをしようとする	1	2	3	4
8	失敗しても立ち直りが早い	1	2	3	4
9	人からものを頼まれると なかなかノーと言えない	1	2	3	4
10	たくさんの情報を検討してから 決断をくだす	1	2	3	4
11	人の話を聞くことよりも 自分が話していることのほうが多い	1	2	3	4
12	どちらかというと人見知りするほうだ	1	2	3	4
13	自分と他人をよく比較する	1	2	3	4
14	変化に強く適応力がある	1	2	3	4
15	何事も自分の感情を 表現することが苦手だ	1	2	3	4
16	相手の好き嫌いにかかわらず、 人の世話をしてしまうほうだ	1	2	3	4
17	自分が思ったことは ストレートに言う	1	2	3	4
18	仕事の出来栄えについて 人から認められたい	1	2	3	4
19	競争心が強い	1	2	3	4
20	何事でも完全にしないと 気がすまない	1	2	3	4

← 診断は次のページへ

診断方法

コントローラーの点数　＝ 11－（4、7、17、19、20の各設問に対する答えの合計点数）

プロモーターの点数　＝ 12－（2、6、8、11、14の各設問に対する答えの合計点数）

サポーターの点数　＝ 12－（3、9、13、16、18の各設問に対する答えの合計点数）

アナライザーの点数　＝ 13－（1、5、10、12、15の各設問に対する答えの合計点数）

それぞれの点数が出たら、下のグラフ上に記入してください。

診断結果

グラフ上で、いちばん数値が高い（右側に位置する）ものが、その人の中で比較的傾向の強いタイプであると考えられます。

	-6	-5	-4	-3	-2	-1	0	1	2	3	4	5	6
コントローラー													
プロモーター													
サポーター													
アナライザー													

※このチェックテストは、あくまでも、タイプの傾向を判断するためのもので、各項目の点数で優劣をつける用途では作成されていません。

※「タイプ分け ™」は株式会社コーチ・エィの登録商標です。

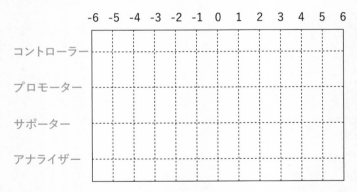

コントローラーに対するアクノレッジメント 02

次の会話例を見てください。

上司：最近すごく営業がんばってるって評判だぞ。
部下：ありがとうございます。
上司：君はプレゼンの才能ももともとあるしな。
部下：はあ。
上司：君の後輩も君がいれば安心だろ。
部下：そうでもないですよ。
上司：いや、君がいればほとんどのコンペはいけると思ってるよ。

部下：そうでもないですけど。
上司：まっ、これからもがんばってくれな。期待してるぞ。

上司には、部下にたくさんほめ言葉を伝えることによって、部下をアクノレッジし、そのモチベーションを高めようという意図があります。しかし、こうした過剰のほめ言葉は、コントローラーにはなかなか通用しません。

コントローラー傾向が強い人の基本は、何よりもまず、「コントロールされたくない」です。ですから、過剰で、少しお世辞のように聞こえてしまうような表現を使うと、コントローラーは、ほめて乗せて自分をどこかに誘導しようとしているのではないか、つまりコントロールしているのではないか、との読みが働いてしまいます。

それゆえに、ほめすぎはコントローラーに対してはあまり機能するアクノレッジメントではありません。では、どうすれば効果的にコントローラーをアクノレッジすることができるでしょうか。

まずは**その人自身ではなく、その人のチームのメンバーの仕事ぶりや、チームの雰囲気などについてアクノレッジする**ことです。

「君のチームの田中君は最近ずいぶん成長してきたな」「君のチームは目標に対する意識が他のチームよりもずっと強いな」──こうしたアクノレッジメントは、コントローラーの中に生起する「自分がコントロールされたら」という不安をすり抜けます。特にコントローラーがチームリーダーのようなポジションにあるときは、自分のリーダーとしての力量を認められたいという想いがとても強いですから、機能しやすいアクノレッジメントとなります。

オーナー経営者、特に創業者は、私の経験からですが、半分ぐらいがコントローラーだと思います。こうした経営者に対して「社長は本当にリーダーシップがありますねえ！」などと言おうものなら、即座に「お前なんかに言われたくない」みたいな顔をされてしまいます。

しかし、「社員の方が本当に生き生きしてますね。御社に入ってきたとき、何人もの人が僕のほうを見て、本当に自然にあいさつをしてくれました。とても歓迎された感じがして、すごく良かったですね」「よく会社の中の整理が行き届いてますね」などといったアクノレッジメントであれば、いくらぶつけても相手の抵抗を引き起こしません。

部下の出身校のことをほめても良いし、担当しているお客さんのことについてアクノレッジしても良いし、家族のことに言及しても良いでしょう。その人自身ではなく、その「外側」にアクノレッジメントの矛先を向ける、これがまずひとつの方法です。

次に、もしその人自身の成果や結果に対して承認を与えるのであれば、その人がここまで行くぞと決めているその目標を達成した瞬間に、大げさではなく本当にニュートラルに「よくやったな」などの言葉によってアクノレッジするのが効果的です。

もともと目標達成意欲の強いコントローラーに対して、道半ばで「すごいな〜」などと言うと、「この人わかってないな。それが自分の最終目標じゃないんだから」といったような反発を招いてしまうことがよくあります。**達成した瞬間にタイムリーに、自然に**——これがいちばん受け取ってもらえる承認です。

そして最後にもうひとつ。単刀直入に「きついこと」を伝えるのは、コントローラーには驚くほどアクノレッジメントとして機能します。

オーナー社長さんをコーチングのクライアントとして獲得したいときには、よくこの手を使います。初対面で10分ぐらい話した後に、おもむろにこう言います。「社長は本当に話を聞きませんね」「社長の前では自分のことを自由にはとても話せませんね」。言う側ももちろん清水の舞台から飛び降りる覚悟で、心臓をばくばくさせながら言い放ちます。もちろんベースにはサポートしたい、社長の力になりたい、そうした気持ちを込めて言うわけですが。

そうすると多くの場合、次の瞬間に違う空気が2人の間に流れ始めるのがわかります。社長は身を乗り出し、「おい、面白いこと言うな。もう少し話を聞かせてくれよ」などと言い、明らかに信頼を買ったのがわかります。

あるとき、こうした「きついこと」を言った後にとても良い関係になった経営者に、どうしてこうしたセリフが関係構築のきっかけになるのかと改めて聞いてみました。彼はこう答えました。

「コントローラーは結局あんまり人のことを信頼してないんですよ。常に状況をコントロールしていたいから、言葉は悪いけど、人の裏切りとかにすごく敏感になる。そんなコントローラーに対して、言いにくさを乗り越え、――いや、自覚してますからね、こっちはけっこう怖い顔してるわけで――それを乗り越えて正直にネガティブなことを伝えてくれる。そうすると思うわけです。ああそこまで自分のことを考えてくれてるんだなと」

どうでしょう。周りに顔の怖い、一見近寄りがたい雰囲気を持った人はいますか。そうした人にこそ、思い切って正直に「きついこと」を伝えてみたらどうでしょうか。もちろん「あなたをサポートしたい」という顔で。

コントローラーは過剰にほめない

単刀直入にネガティブなことを伝えるのもOK！

03 プロモーターに対するアクノレッジメント

コントローラーと違い、とにかくほめられればほめられただけ木に登ってしまうのがプロモーターです。プロモーターはほめられても、この人は何を考えているんだろうと裏読みすることはあまりありません。他のタイプの人が、それはお世辞だろうと、ちょっと抵抗感を持ってしまうようなほめ言葉でも、プロモーターにはほとんど問題ありません。たいていのほめ言葉はプロモーターは受け取ることができます。

プロモーターにとってのエネルギー源は、何と言っても周りから自分に向けられた「関心」です。言葉は何でも良いわけです。スポットライトがあたればそれでOKなわけですから。極端にいえば「いい背中だねえ」と背中をほめられても「そう?」と笑顔になってしまうのがプロモーターです。

企業研修で参加者に、4つのタイプそれぞれに分かれてディスカッションをしてもらうことがあります。テーマは、自分はどういうときにモチベーションが上がるのか、そして下がるのか、です。プロモーターチームにこのテーマについて発表してもらった後、私のほうから、プロモーターはこう言うと喜びますよね、といくつかポイントを伝えます。

「プロモーターを動機付けるには、毎日ひとつでいいから、感嘆符を付けてほめることですね。理由なんてなくていいんです。とにかく投資をするようにほめておく。月曜日、すごい！　火曜日、天才！　水曜日、最高！　木曜日、君しかいないよ！　金曜日、君だけだ！　週末もメールを送って、全部君に任せるからね、自由にやっていいからね。これでプロモーターのモチベーションはまず下がらないでしょう」

別に誰かのことについて名指しで「天才！」と言ったわけではなく、プロモーターは一般的にこうだという話をしているにもかかわらず、プロモーターチームは全員が自分のことを言われたかのように相好を崩します。そのくらいこうした表現に「弱い」わけです。一方、その間アナライザーは「一体どこが良いんだ、そんなことの」とでも言いたげなクールな表情を変えません。

何回も言いますが、プロモーターはとにかくほめましょう。関心を向けて、たとえほめるところが見つからなくても、とりあえず背中をほめておくのです。ということは、逆に言うと、プロモーターは**否定されることに弱いタイプ**です。

理想化された自己イメージをきっちり持っている人が多いので、特に自分で「これはいける！」と思っているようなアイデアを否定されたりすると、それをバネに発奮するというよりは、内向化して行動が停滞してしまうことが多いのです。だからなるべく否定的なメッセージは投げかけないほうがいいでしょう。

相手のやり方の中にどこかひとつでも受け取れる部分を見つけて、それをさらにうまく生かすには、こうしたら良いのではないかというような提案に常にしていきます。それがプロモーターにアドバイスするときの鉄則です。

企業研修の後、フォロー研修に向けての課題として、マネジャーによく言います。「だまされたと思って、1週間で良いので、プロモーターの部下を何でもいいですからほめてみてください」

1週間後、驚いたようにマネジャーが報告してくれます。「プロモーターってほめると本当に変わりますね」。ぜひみなさんもだまされたと思って、試してみてください。

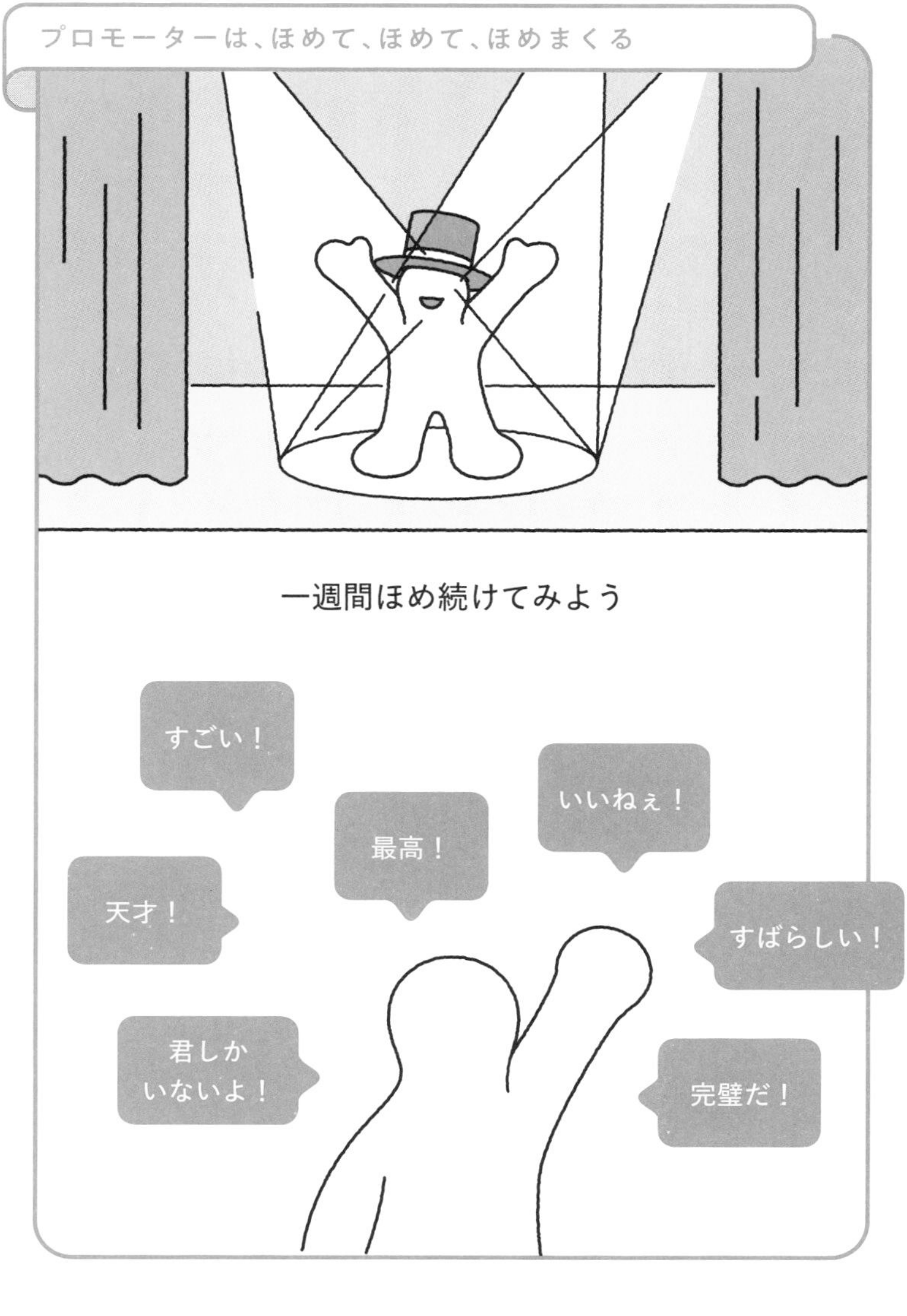
プロモーターは、ほめて、ほめて、ほめまくる
一週間ほめ続けてみよう
すごい！
いいねぇ！
最高！
天才！
すばらしい！
君しか
いないよ！
完璧だ！

04 サポーターに対するアクノレッジメント

次の文章は、弊社の企業研修用のテキストからの抜粋です。

「サポーターに対するコーチング――やっていることを認めてあげる。：このタイプは自分が注いだ愛情に対して、無意識のうちに相手に代償を求める傾向にあります。相手がそれを評価してくれないと、逆に怒りに転化し、激しく攻撃してくることがあります」

サポーターは周囲からの期待に応えようと、こつこつ努力するタイプですが、その努力を認めてほしい！　という強いメッセージは出しません。が、**実は相手がその努力を評価してくれているのかどうか、虎視眈々としていて、もし相手がその努力を軽く扱ったりすると、大変なことになります。**

歴史上で見ても、コントローラー傾向の強い武将が、サポーター傾向の強い側近や家来をちゃんとアクノレッジしなかったために、ある日いきなり反旗を翻されて歴史が覆ったという例は、洋の東西を問わずあまたあります。日本でその典型中の典型といえば、織田信長と明智光秀、つまり本能寺の変です。

歴史小説などを通して窺い知れる仮説ではありますが、信長はスーパーコントローラーでしょう。光秀はアナライザー傾向もあると思いますが、サポーター的な性格が強いといえるでしょう。

信長は光秀を呼び出し命じます。「さえずれ」と。物を申せという意味ですね。そして、光秀が話している側から、自分が理解してしまうと「もうよい、下がれ!」と切ってしまうのです。

信長は光秀こそが自分の後継者だとは認めているものの、そのことは口にしません。光秀が戦功をあげたりすると、それに対して領土を分け与えて報いたいと思ってはいても、しばらく何もせずにほうっておきます。そして4~5か月経ったところで、ある日いきなりぽんと領土を与えたりします。

その間光秀はやはり悶々とするわけです。「自分よりもお館様は、(たぶんプロモーターの）羽柴秀吉を重視しているのではないか」と。それが積もりに積もって、最終的に「本能寺の変」となったのではないでしょうか。もちろん勝手な私の推察ではありますが。

大手再就職支援企業の部長さんからお伺いしたのですが、ある日いきなり辞表を提出するのは、圧倒的にサポーターが多いそうです。ためてためて、これ以上ためきれなくなって、ある日ぷつっと切れてしまうのです。

コントローラーにはそういうことはあまりないそうです。不平や不満があれば、日頃わりとあけすけに口にしているからです。信長のみならず、サポーターの側近からある日突然辞めたいという話を切り出され、何が悪かったんだと途方に暮れてしまう経営者をこれまで何人も見てきました。

とにかくサポーターには「ためさせない」ことです。サポーターに仕事を振ったら、どんな小さなことでもアクノレッジします。「助かるよ」「ありがとう」と。人の期待に応えたい、協力したいと思っているサポーターには、なるべく相手の影響を言葉にしてあげましょう。「〜してくれて、感謝してるよ。ありがとう。うれしいよ。本当に役に立っているよ」といったメッセージをとにかく頻繁に伝えておくのです。

サポーターは、自分に向けられるアクノレッジメントが少なくなると、他のタイプ以上に内側のざわつきは大きくなりますから。

部下に「本能寺の変」を企んでいる人はいませんか。

サポーターには頻繁に感謝する

［小さいことでもアクノレッジする］

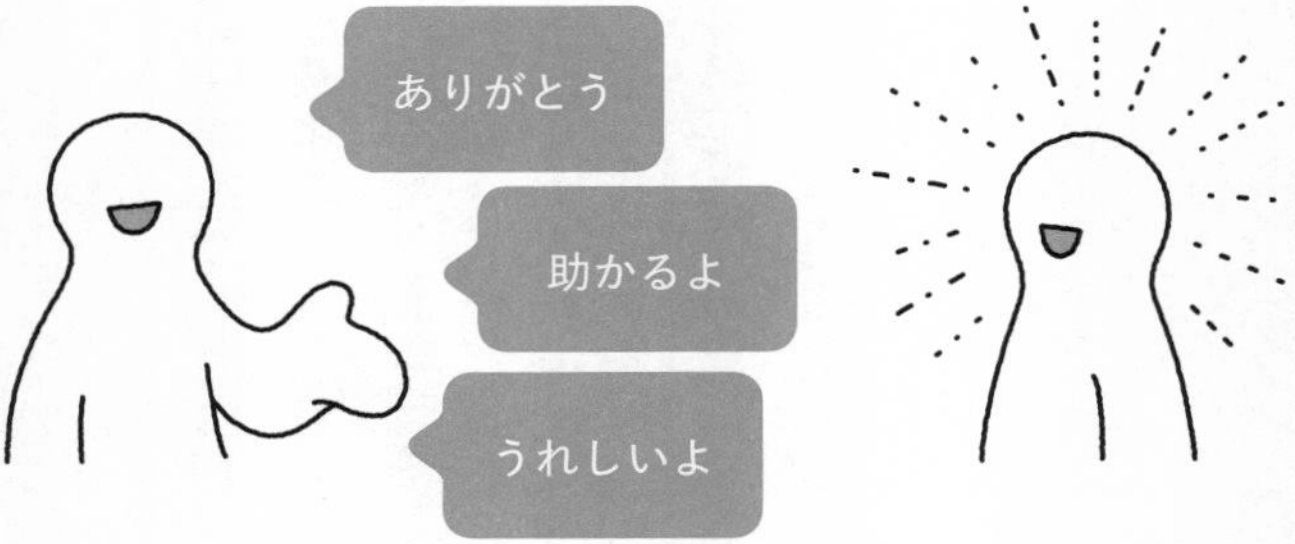

［努力を評価しないと……］

本能寺の変に注意

アナライザーに対するアクノレッジメント

05

みなさんの周りに、ああ、確かにこの人アナライザーだなと思う人はいませんか。いたとしたら、その人にこれまで試してうまくいったアクノレッジメントとはどういうものだったでしょう。いろいろ試してはみたけれど、うまくいかないんだという人も多いかもしれません。アナライザーをアクノレッジするのは、他のタイプ以上に観察が必要です。

アナライザーは、プロモーターをアクノレッジするように、「ばくっ」とほめてもほとんど効果はありません。「何のためにそういうことを言うんですか？」という顔をされるのが関の山です。もしほめるという形でアナライザーをアクノレッジするのであれば、具体的にどの部分が良かったのかを明示しないと、相手はほめられたとはあまり思いません。プロモーターにとって必要なのは「スポットライト」ですが、**アナライザーにとって必要なのは自分の「専門性に対する認知」です**。だからちょっと難しいと感じるのかもしれません。

例えば営業で、部下と一緒にプレゼンテーションに行ったとします。そのときの部下のプレゼンテーションがとても良かったとしたら、もし部下がプロモーターであれば、「今日はすごかったなあ！　この天才！」とほめれば部下はぐっとモチベーションが高まります。

部下がアナライザーの場合、こうしたほめ方をすると、「自分のプレゼンテーションについてこの人は本当に理解しているんだろうか？」と逆に疑いを持たれたりします。だからどこが良かったのか、なぜ良かったのかをなるべく具体的に伝えたいものです。

「今日のプレゼンテーション良かったね。特に他社での事例について紹介した件が視覚に訴えかけていて、聞いていてとてもわかりやすかったよ。パワーポイントの使い方もスピード感があってよかったしね」。ここまで伝えるとアナライザーは「ああ、わかってもらえてるな」と認められた実感が湧きます。

アナライザーに対するアクノレッジメントでもうひとつポイントとなるのが、**相手のスピード感を尊重する**ことです。自分のペースを大事にしてくれたということが、アナライザーにとってはとても大きなアクノレッジメントになります。

例えば、ある百貨店で課長を対象にコーチングの研修を行ったときのことです。フォロー研修の中である課長さんがこんなことを言っていました。

「部下でアナライザー・タイプの人間がいて、今までは面談をしてもあんまり話してくれなかったんですよね。こっちが質問しても、ん〜、って考えることが多いから、待ちきれなくなって、ついこっちがこういうことだろって結論を出してしまう。でも今回は面談にあたって、研修で教えていただいた、『アナライザーには考える間を与えるほうが良い』というのを実践してみたんですよ。具体的に言うと、あらかじめ面談の前に、こういうことについて聞きたいというポイントを、メールに書いて送っておいたんです。そうしたら、当日Ａ４の紙にいっぱい、彼なりの考えを書いて持ってきてくれて、口頭でも今までにないくらいたくさん話してくれたんですよね」

アナライザーは、どうせ話すなら自分の考えをなるべく正確に、整理して話したいと思う傾向があります。だから多少アウトプットに時間がかかります。この「時間」を尊重してもらえると、アナライザーは「大事にされてるな」と思うわけです。

相手のペースに配慮を与え、時に専門性に対してきちんと認知を与える。一見クールなアナライザーの気持ちをつかむために欠かせないアクノレッジメントです。

アナライザーには具体的にアクノレッジする

[勢いでほめても効果はうすい]

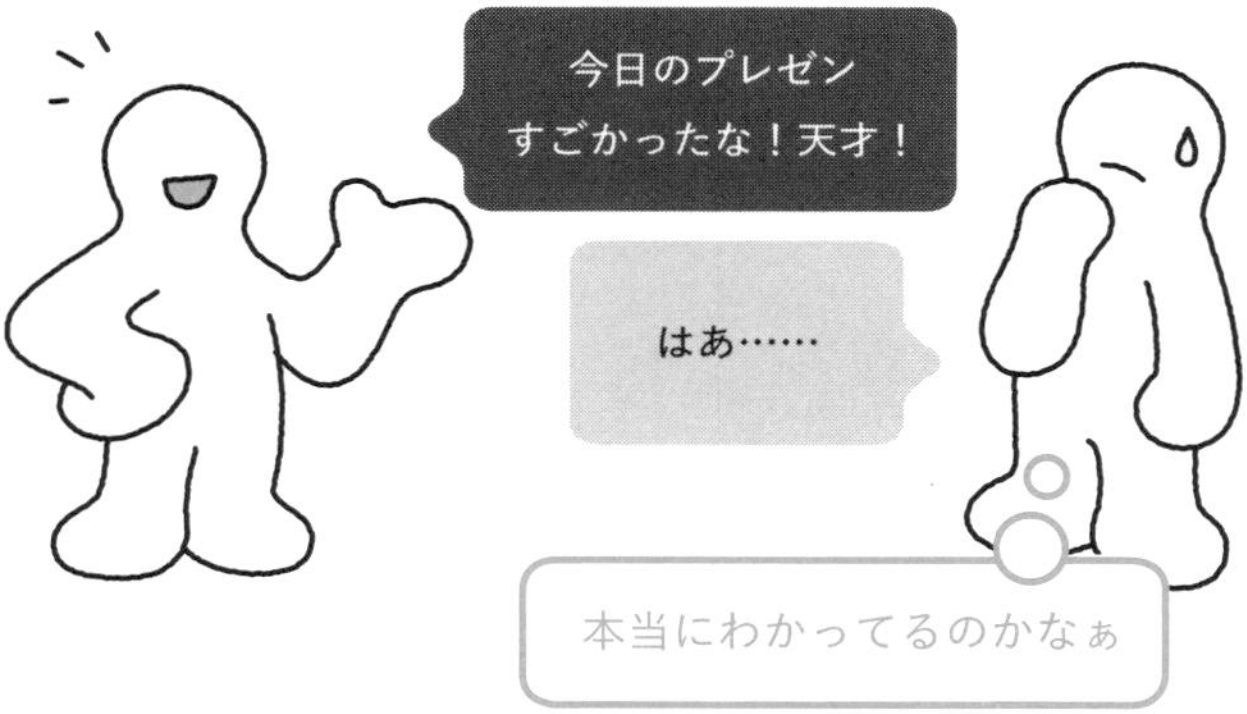

[具体的にほめる]

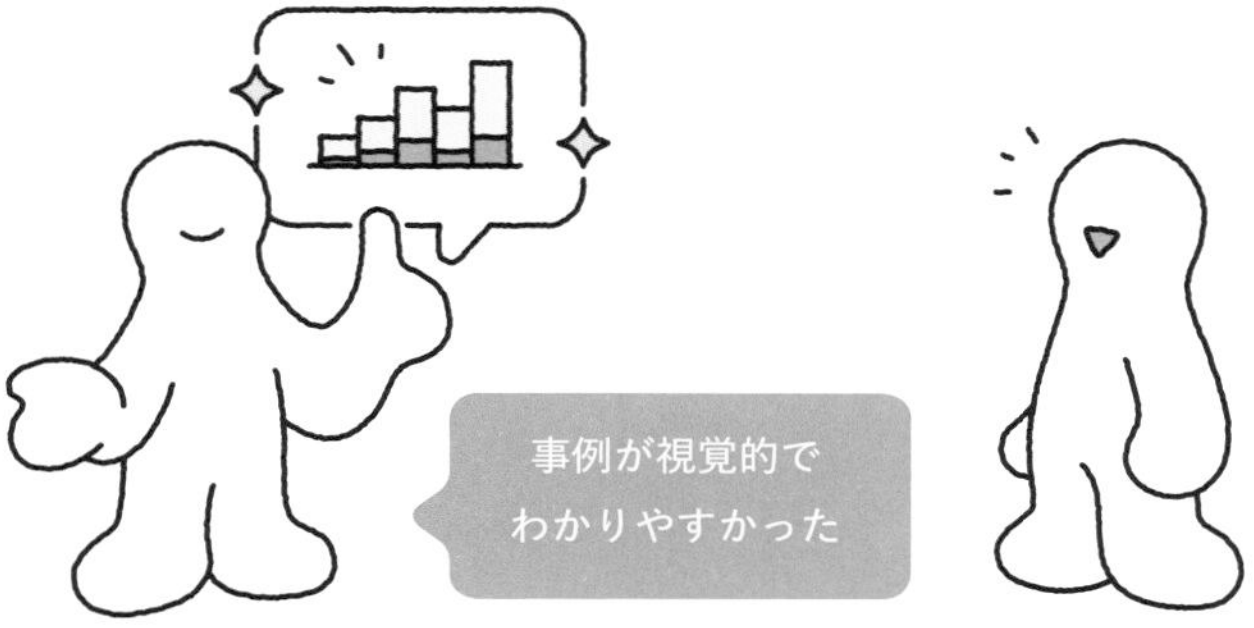

相手の「専門性」を承認しよう

LESSON 05

相手にあった
コミュニケーション
を選ぶ

若い人には理由をきちんと説明する

01

以前、関東地方のある私立高校の先生全員に対してコーチングの研修を行ったことがあります。このとき、研修に先立って、生徒10人と先生10人に個別にインタビューを行いました。生徒は先生のことをどんなふうに思っているのか、反対に先生は生徒のことをどんなふうに思っているのか、それぞれの立場から話を聞きました。

20人の話からすべてが推測できるわけではありませんが、少なくともそこから次のような現場の風景が浮かびあがってきました。

①生徒の多くは、昔のように先生の話に、とりあえず表向きだけでも素直に従うということをしない。

②そのため、何とか言うことを聞かせようと、より高圧的に出て生徒を震えあがらせている先生がいる。
③その一方で、とにかく生徒に「やさしく」接することで状況を改善しようと試みるものの、生徒をまったくコントロールできずに無力感に陥っている先生がいる。
④このどちらかの極に多くの先生が偏っていて、状況に応じて生徒と効果的なコミュニケーションを交わせる人が少ない。

前にも書きましたが、今、日本という社会の中でかつて権威と呼ばれた存在が、軒並み失墜してしまっています。昔ならば、先生から何かを言われれば、生徒は「先生」の言葉として受け止め、それなりの敬意を払い応じたものです。

しかし、今日、多くの生徒は先生から発せられる情報を簡単に権威付けたりしません。ですから、かつての自分の言葉の重みを同じように再現したいと望む先生は、より高みから物を言い、何とか表向きだけでも自分のプライドを守ろうとします。

一方、これは若い先生に多いようですが、生徒を理解しようとカウンセラー的なスタンスに立ち、とにかく傾聴に努めるのです。しかし生徒はたがが外れたかのように自由にふるまい、先生の言うことを聞きません。先生はどうしたら良いのかわからずに途方に暮れてしまいます。

もちろんすべての学校でそうだと言っているわけではありませんが、私が研修をさせていただいたいくつかの学校では、少なくともそうした現状があるようです。

これとほぼ同じことが多くの企業の現場でも起きています。

30年ほど前までは上司の言葉は尊敬を払うべき対象として機能していました。それに背くことは会社に背くことであり、終身雇用、年功序列制度の中で競争のトラックから外れることを意味していました。

しかし今の若い人にとっては、上司の言葉はそこまでの重みを持っていません。自分の意にそぐわないことであれば、いとも簡単に反対意見を唱えます。そこで上司は「鬼」か「仏」かという議論が沸き起こるわけです。つまり、言うことを聞かない社員には徹底的に厳しく、「鬼」となって臨むべきだ。いや、そうではない。叱るのではなく、「仏」のような心を持ってとにかく相手の意見を尊重すべきだ、と。

ところがそうシンプルに割り切ってうまくいくのかというと、そんなことはないものです。「鬼」になれば、それなら他に行くよと、部下は会社を離れてしまうし、「仏」になればなったで、部下は社会人としての常識を逸脱したような行動を取ってしまいます。一体どっちなんだと管理職は混迷を深めてしまうわけです。

では、どうしたら良いのでしょうか。もちろん、若い人も人間である以上、基本的には私たちと同じ「原理」で生きていると思います。

周囲から存在が認められなければ、内側はざわつくでしょうし、そのざわつきを解消してくれる人のほうに顔が向くのは間違いありません。単にほめるというだけではなく、日々の関わりの中で、**どれだけ相手にマッチングした積極的なアクノレッジができるか**は、やはり大事でしょう。

そして、若い人をアクノレッジする際に、中でも特に大事なのが**「理由」という情報を伝えてあげること**です。

昔であれば、上司がいえば理由なく部下が従っていたような事柄に対しても、きちんと説明を加える必要があります。オフィスであいさつするのはなぜ大事なのか。清潔感のある髪型で出勤することがなぜ大事なのか。机を整理するのはなぜ大事なのか。上司とアフター5に語らいあうことがなぜ大事なのか。一つひとつに説明を加えます。ポジションパワーを使って「やれ！」ではなく、相手のためにわざわざ時間を使って、ていねいに理由を紐解いてあげるのです。「やれ！」には個の尊重がありませんが、「理由の説明」にはそれがあります。だからアクノレッジメントとして機能します。

前出の慶應大学ラグビー部の上田元監督にしても、早稲田大学ラグビー部の清宮元監督にしても、最近の若い人相手に効果的な指導ができている人は、きちんと説明をしています。この練習はこのためにあって、このルールはこのためにあるということを説明するために決して時間を惜しまないのです。

学校も、もし一つひとつの決めごとに対して先生が労を惜しまず説明をしていれば、もう少し状況は変わるのかもしれません。

「なぜなのか」を説明する

[指示だけしてもアクノレッジメントにはならない]

いいからやれ！
とにかくやれ！

[理由をセットで伝える]

こうしてほしい。
なぜなら……

もう何でも従う時代じゃない。
労を惜しまず説明しよう。

新しい部下をチームに溶け込ませるには

02

転職が特別なことではなく当たり前のことになり、また企業間の合併がしばしば紙面を賑わせる昨今、昔以上に「新しい部下」に遭遇する機会は増えたと思います。企業内でもさかんに事業の再編成が行われていますから、昔は4月の異動時期だけ心構えをしていれば良かったのが、それこそ唐突に新しい部下はやってきます。

至極当然のことを言うようですが、人は初対面の人に出会うと緊張します。どんなに表向きは、さらりと堂々とふるまっているように見える人でも、身体のどこかに緊張を走らせています。

それは、人は人にとって最大の協力者であると同時に、最強の敵にもなり得るからです。人にとっていちばん危ないのは、虎やライオンではありません。間違いなく人です。単に物理的な危害を加えられるかもしれないというだけではなく、精神的な被害をこうむる可能性もあります。顔では笑っていても、まだあまり関係のできていない人に対しては、どこかで防衛をきちんとかけているものです。

ですから、新しい部下がやってきたその日、上司と部下との間には、水面下でものすごい「読み合い」があるわけです。上司は「よろしくね！」と明るく言いながら、内側では「こいつとうまくやっていけるだろうか」「十分な能力はあるだろうか」「自分のことをちゃんと信頼してくれるだろうか」などと、いろいろなことを思うものです。

一方、部下も「よろしくお願いします！」という明るい返事の裏側で、「仕事をしやすい上司だろうか」「自分に期待をかけてくれるだろうか」と脳をフル回転させています。

時としてこの読み合いが延々と続いてしまうことがあります。半年、1年、場合によっては次の転職までなどということもあるかもしれません。人である以上、どれだけ仲良くなったとしても、自分を守るために多少はこうした読み合いを継続させるのでしょうが、なるべく早くその「レベル」は軽減させたいものです。

新しい部下がリラックスして仕事に集中できるように、「読み」を適正範囲にまで落としたいことでしょう。

そして、そのためにできる最善のことは、おそらく読み合いをできる限り早く「表面化」させることだと思います。つまり、**新しい部下が来ることで自分が抱いている期待と不安を、後ろ手に隠しておくのではなく、思い切って相手に正直に伝えてしまう**のです。その代わり部下からも、**どんな期待と不安を持っているのかを話してもらいます。**

3か月前、弊社にも新人が中途で入社しました。手前味噌になりますが、最初の2か月ぐらいはとにかくお互いの期待と不安が表に出るように意識しました。彼にはメンター（先輩として基本的な仕事の進め方やスキルを教える人）が付き、コーチが付き、そして当然上司も付きました。がんじがらめにしたかったわけではなくて、とにかく何でも話したかったし、話してもらいたかったのです。裏でお互いにいろいろと思うようなことをしたくなかったわけです。

それでもよく見ていると、彼の中にさまざまな疑問が起こっているのがわかります。すると、その場ですぐに彼をつかまえて話をします。「少し迷いがあるように見えるけど、どうなの?」。2か月間は目の端に必ず彼を入れていました。

やっと先月です、気負いでもなく、いい顔を見せたいからでもなく、彼が本当にすっきりとした笑顔で「最近、のってきましたよ」と言ったのは。もうそこまで頻繁に彼を見なくても良いかなと思った瞬間でした。

新しい環境になじむのは口で言うほど簡単なことではありません。お手軽に関係をつくれるかというとそんなことはないでしょう。

とにかく話して話させる、すべてをオープンにしていく——それがメンバーをチームに溶け込ませるということだと思います。

期待と不安をお互いに話す

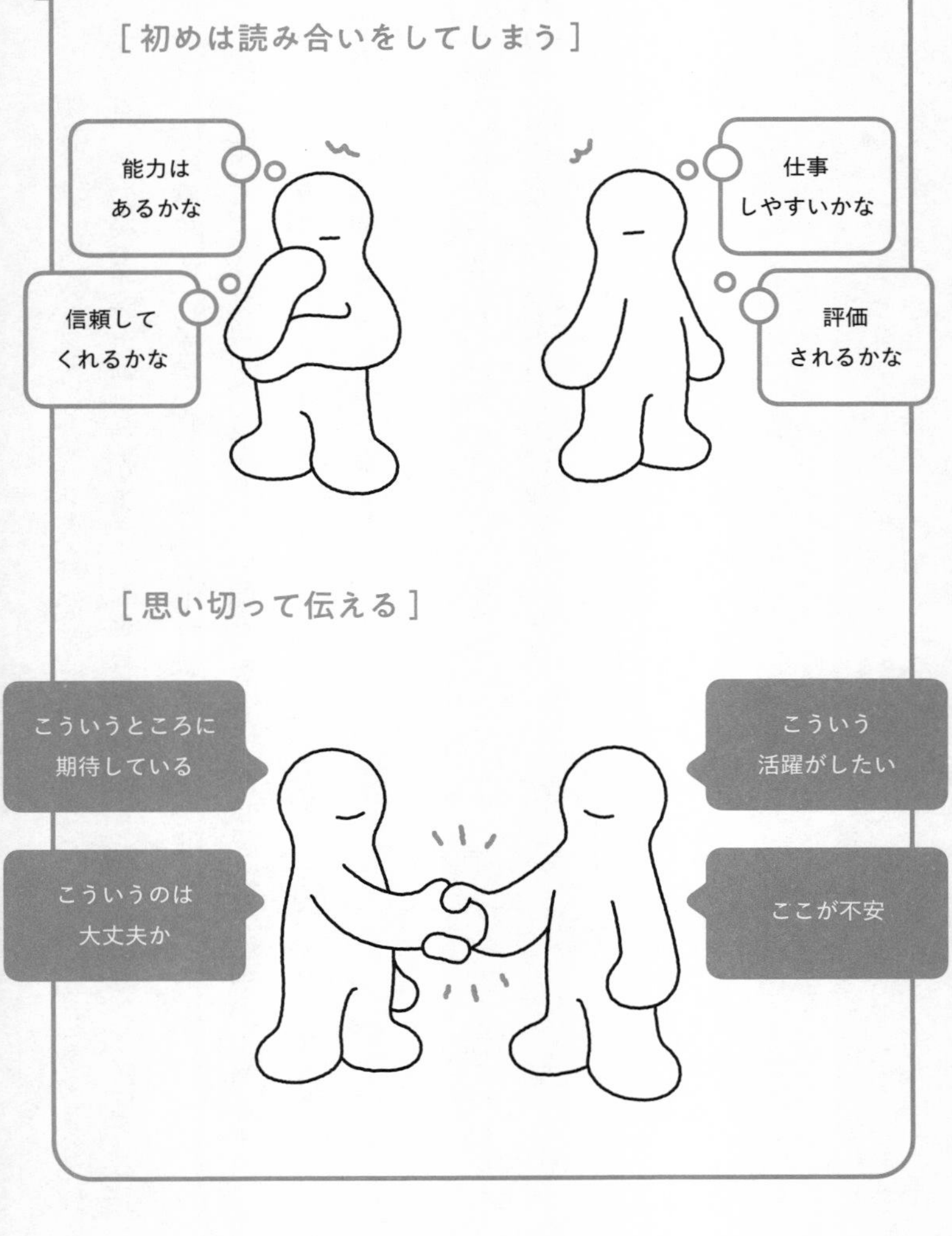

年上の部下との接し方

03

年功序列が崩れ、成果主義を導入する企業が増える中で、自分よりも年上の社員を部下に持つ管理職が増えてきました。かつての先輩、時には上司が、今は自分の部下というケースも珍しくありません。

こうした場合、管理職は、どのようにすれば年配の部下とより強い協力関係を作り出すことができるかで、頭を悩ませるようです。

ある自動車会社で行った研修では、先方からの依頼で、自分よりも年上の部下に対してどのように接するかをテーマに2時間ディスカッションしました。ほめても、お前になんかほめられたくないというような顔をされるし、こちらから歩み寄ってあいさつしたとしても、気のない返事を返されるだけ。一体どうすれば彼らを動機付けることができるのか、侃侃諤諤《かんかんがくがく》の討議が展開されました。

2時間にわたるああでもないこうでもないの議論の結果、最終的に行き着いたのは、「どうも彼らは相談されるとモチベーションが高まるようだ」ということでした。たまたまわからないことがあって、ちょっと教えてくれませんかと聞きに行くと、しょうがないな、というような顔を最初はしながらも、どこかうれしそうにきちんと教えてくれたり、チームをどうまとめたら良いかわからないので、ちょっとアドバイスしてくれませんかと投げかけると、身を乗り出して話してくれたりということがあったというのです。

こうした相談はこれまで偶発的に起こっていたわけだけれども、年上の人の「雰囲気」を変えたいのであれば、意識してそれを行ったら良いのではないか。教えてもらう必要がないのに嘘をついて相談するのは良くないけれども、日頃から教えてもらえること、相談できることを探していて、なるべく頻繁に問いかけると良いのではないか——こうした結論を導いてそのディスカッションは終了しました。

実は、かくいう私も年上の部下が何人もいます。中には10歳以上年上という方もいて、どのようにすればアクノレッジできるのか、多少迷うところがありました。しかし、このディスカッションをリードしてからは、取るべき道筋がわりとはっきりとしました。そうか、相談すれば良いのかと。

それからは頻繁に年上の部下には質問をするようにしています。彼ら彼女らのほうがくわしく専門的に知っていると思われる事柄は、なるべく自分ひとりで答えを出さずに、聞きに行きます。実際相手はよく知っているわけですから、こちらとしてもとても助かるのです。

そしてこのことを意識し始めてから、年上だからものが言いにくいというのがとても少なくなった気がしています。おそらく相手の出方を待つのではなく、こちらから積極的に仕かけるというのが習慣になったからだと思います。

ほめるというのは、ほめている側がほめられている側を評価していることになります。つまり、ほめている側が「上」、ほめられている側が「下」という構造を表現しやすくなります。ですから年上の部下からすると年下の上司のほめ言葉はなかなか受け取りにくいものです。そこへいくと相談する、教えてもらうは、聞く側が「下」になりますから、年上の人にとっても受け取りやすいアクノレッジメントになります。

上司であるというプライドはちょっと脇に置いて、どんどん年上の部下に相談を持ちかけたらどうでしょうか。教えてもらったらどうでしょうか。最優先したいのは、何よりも協力を仰ぐことなのですから。

相談や質問もアクノレッジメント

[年上部下の経験値を頼る]

自分から話しかけることが習慣になれば
言いにくいことも伝えやすくなる

04 上司に対するアクノレッジメント

コーチング研修を実施した後には、参加者にアンケートに答えてもらいます。そうすると非常に多いのが「上司にもこの研修を受けてほしい」というコメントです。上司がコーチングを学んでくれれば、自分がもう少し仕事をしやすくなるということなのでしょう。アンケートに対してのコメントだけではなく、研修中にも、部下対策よりは上司対策を教えてほしいという管理職はたくさんいます。

飲み屋さんでビジネスマンのこんな話し声が聞こえてきたりします。「あの部長いい加減にしてほしいよな。まったく自分の都合ばっかりでさ」。それで、その言葉が生まれた背景を突きつめていくと、結局上司は自分に対するアクノレッジメントが足りない、もう少し自分を認めるべきだ、という上司の承認不足に対する不満だったりします。

何だかんだ言っても1年のうち大半の時間は会社で過ごすわけで、直属の上司からどれだけアクノレッジされているかが、気分の浮き沈みを決定付けると言っても過言ではないでしょう。それだけ上司が大きい影響力を持つのは紛れもない事実です。

研修でこんなことを聞くこともあります。

「これまでの会社生活を振り返ると、どんなときにモチベーションが高まり、どんなときに下がりましたか。年単位ぐらいで思い起こすとどうでしょう？」

そうするとかなりの数の人が、上司とうまくいっていたときはモチベーションが高かった、その逆のときはずいぶん低かったと言います。

上司とうまくいっていたというのは、簡単に言ってしまえば、その上司がアクノレッジしてくれていたということです。うまくいっていなかったというのはその逆。とすると、いかに上司に自分をアクノレッジさせるかというのが非常に大事になってくるわけです。

ここで問題となるのが、業績が良ければ、いい仕事をすればアクノレッジされるのかということです。これがそう単純にはいかないものです。

研修をしていて生気のない課長さんに、「結局何が問題なのですか」と聞いていくと、「部の存続の危機に、部を救うようなすばらしい仕事をしたのに、大した評価をもらえなかった。そのことを今でも恨みに思ってるんです」などと言うのです。

上司に対する不満の多くは、こんなにやっているのに、どうしてあの人は認めてくれないんだというものです。つまり、本人の主観では業績はあげているし、それ相応の仕事をしているのにアクノレッジメントが少ないのはなぜなんだということです。

このことからもわかるように、良い仕事＝アクノレッジメント獲得ではありません。これが世の不条理であり、すべての不満の出所です。

ではどうしたらいいのでしょうか。研修で「鈴木さん、上司に対してはどうしたらいいんでしょう？」という話を聞くと、迷わず、本当に迷わず、**「一に報連相、二に報連相、三四がなくて五に賞賛」**と言います。

報連相（報告、連絡、相談の略）は上司に、「あなたのことを信頼しています」「頼りにしています」ということを伝える最も効果的な手段です。ほとんどの上司は自分を頼ってほしいと思っています。なぜなら頼られるというのは、存在価値を増してくれる行為で、組織の中での自分の位置が強く確認でき、内側のざわつきが減るからです。

逆に報告も連絡も相談もされないというのは、自分は上司として認められていない、ひいてはこの組織の中でやっていけるのだろうかという不安を誘発してしまい、非常にまずいのです。だから、報連相がなく、業績をあげるだけの部下は、結局上に引きあげられなかったりします。

それでは賞賛については、なぜ必要なのでしょうか。

結局上に行けば行くほど、なかなかほめられる機会はないわけです。おそらくみなさんの上司は、ほめ言葉なんか俺は必要ないみたいな顔をしているでしょうが、そんなことは絶対にありません。これは断言できます。絶対ほめてほしいと思っています。

そして多分、**みなさん以上にみなさんの上司は賞賛に飢えています。**

だからもう、何でも構わないですからほめてみてください。ネクタイでも、何でも。

そしてみなさんが意識的にアクノレッジメントを上司に与え始めると、アクノレッジメントが向こうから返ってくるようになります。

いいんですよ、別に上司からのアクノレッジメントなんて必要ない、やりたい仕事だけをとにかくやりさえすればいいんだ、別に出世なんてしなくても構わないという人は。

でももし、心安らかな職場環境を実現したいとすれば、上司に対してもアクノレッジメントを与えることです。その上司がどんなにいかめしい顔をしたコントローラーだとしても。

上司には、報連相と賞賛

[何も伝えなければ不安を与える]

……。
自分は上司として
大丈夫だろうか

[上司はアクノレッジメントに飢えている]

報連相
賞賛
頼りにしている、
信頼している、
というメッセージ
頼って
もらえている

05

営業上手は「売らない」

「トップ営業マン」と呼ばれる人に何人も会ってきました。証券会社で、北海道にこの人ありと言われている人。大手の複写機メーカーで10期連続で営業目標を達成している人。情報通信の会社で、新規開拓をさせたらこの人の右に出る者はいないと言われている人。年収で1億円近く稼ぐ生保の営業マン……。

こうした営業マンは、端から見る限りにおいて、まずものすごく腰が低いといえます（媚びているという意味ではなくて、謙虚であるということです）。えらそうな素振りを微塵も見せません。そしてアクノレッジメントがものすごくうまいのです。

うまいというと技巧的に聞こえるかもしれませんが、もうアクノレッジメントが「生き方」になっているという感さえあります。だから、とても自然に（少なくとも周りにはそう見えます)、人を大事にしているというメッセージをふんだんに伝えています。

例えばある外資系保険会社の営業マン。27年前、このコーチングというビジネスを立ちあげたとき、私もフルタイムの一営業マンでした。始めからコーチングを実践する機会があったわけではなく、当然お客さんを見つけなければいけませんでしたから。そこで何人かの「トップ」と言われている営業マンに教えを乞いに行ったのですが、そのひとりが彼でした。

その中で彼が主催する勉強会にまぜてもらったり、お客さんと話しているところを聞かせてもらったり、直接営業について伝授してもらったりもしました。

すごく驚いたのは、彼がちっとも「売らない」ということです。それまで営業経験のなかった私は、営業というと「買ってください!」と迫っていくものなのだろうというイメージがありましたが、彼はちっとも売りません。では何をしているのかというと、とにかくよく人の話を聞いています。別に保険の売りにつながることを聞き出しているわけではないのです。ただ、何でもよく聞いています。

そして相手が今興味があることや、関心のあることを自分の中にインプットしておいて、折に触れその情報を提供してあげるのです。独立を考えているなどという人がいれば、自分のネットワークから店頭公開をしたベンチャーの社長を紹介して引き合わせてあげる。ワインが好きだというのを聞くと、彼が足で見つけた厳選レストランをメールですぐに送ったりする……等々。

何気ない話の中で出てきた何気ないことを彼が真剣にすくいあげてくれることに、多くの人は感動するのです。しかもやってあげたというような嫌味がみじんもありません。本当にこの人は何かをしてあげたくてやっているんだなという感じが伝わってくるのです。それで、その結果として、こんな人に保険を任せたいと周りが自分からドアを叩いてくるわけです。

また別の営業マンの話です。彼はある情報通信の会社で5年近くトップ営業マンとして活躍した後、コンサルティング会社を起こした人です。彼は私どもの会社とアライアンスを組んでいることもあって、幾度も営業に同行したことがあります。

彼も、全然売りません。もう少し押したほうがいいんじゃないのと、提携しているこちらとしては思うのですが、とにかく売らないのです。

何をしているのかというと、もうひたすら、「お会いできて良かった」「この会社のファンだ」「この会社の製品のここが良い、あそこが良い」「雑誌に載っていた社長のこの言葉を覚えている」といったふうに、とにかく相手自身の、あるいは相手の会社の存在価値を高める言葉を連発するのです。とっても自然に。お世辞にはまったく聞こえません。

あるとき、彼と同行して電機メーカーへプレゼンテーションに行ったのですが、そのときの彼の話の切り出しには本当に驚いてしまいました。

「知人、友人を含めて御社の担当をさせていただいている人間を何人か知っています。それで今日ここに来る前に、彼らに御社を担当していてどうかということを聞いて参りました。彼らはみな口を揃えて言うんです。一度御社の担当をすると、すっかり御社のファンになってしまうと。ファンになるから御社のためには寝る間も惜しんで仕事をしたくなると。私もいつかそんな御社のファンクラブの一員にぜひなりたいと思って、今日は参りました」

これが全然臭くないんです。むしろとても自然に聞こえました。この電機メーカーは今でも彼の会社と弊社のビッグクライアントのひとつになっています。

もちろんそれだけが売れる理由ではないでしょうが、売れる営業マンのコンピテンシーのひとつはアクノレッジメントであると、確信しています。

結局お客さんのほうでもほしいのは、筋が通っていて気の利いた企画書の前に、「味方」なのですから。

売れる営業マンはお客さんの味方になる
すばらしい企画書
自社の売り込み
PLAN
それよりも……
相手の会社や相手へのアクノレッジメント
YOU

06 子どもとうまく接するためには

先日、ある研修の参加者からメールをいただきました。そこにはこんな文面がありました。

「コーチングの研修を受けて、部下との関わりはやっとスタート地点に立ったところですが、最近、ちっともこれまで僕に話をしてくれなかった中学2年の娘が話しかけてくれるようになったんです。これはひょっとすると、部下とのこと以上に自分にとっては大きな事件で、どうしても先生にそのことをお知らせしたくなってメールを書きました」

実はこうしたメールをいただいたり、お話をお聞きするのは珍しいことではなく、わりとよくあることです。研修の際にも、最近部下との間にどんな課題がありますかと聞いても、いや〜、部下よりも娘ですよ、息子ですよ、と言う人がけっこういるのです。年々増えてきているような気がします。

企業やスポーツと違って、普通家庭には「利益をあげる」とか「勝つ」といったような明確な目的がありません。企業であれば、上司が部下に何かを伝えるときは、これは会社の利益に結びつくことだからやってほしいと言えますし、スポーツのチームであれば、勝つためにこれをしてほしいと言えるでしょう。ところが家庭においてはそう単純にはいきません。

欧米を始め、多くの国民が宗教をある程度信奉している国では、親は宗教を基準に子どもに話をすることができます。「これをして」と言って、もし子どもから「何で」と言われれば、極端な話「聖書に書いてあるからよ」と答えられるわけです。それが、多くの日本の家庭では、説明の論拠を宗教に求めることはまずできません。

ある意味では、戦時中は楽だったかもしれません。「日本国のために」と言えましたから。高度経済成長期も同じです。「より豊かな生活のために」と言えましたから。90年代半ばぐらいまでは、高度経済成長期の名残で、同じ拠り所を使えたのではないでしょうか。

それがここにきて、何を基準にして子どもに話をしたら良いのか、アドバイスしたら良いのか、親がわからなくなってしまっているようです。昔の基準を持ち出して、「勉強しないとだめだぞ」などと子どもに言うと、「勉強していい大学に入っても、それで何なの。その後いい会社に入ったってリストラされて終わりじゃない」などと反論されます。すると親は子どもをコントロールできないいら立ちからつい声を荒らげてしまうのです。そうすると子どもはますます親に反発して、するとますます親はいら立って……もう雪ダルマ式にお互いの間に溝が開いていってしまいます。それで、「子どもが最近話してくれないんですよ」というセリフが生まれるにいたるわけです。

では、どうしたらよいのでしょうか。

魔法のような答えがあるわけではないのですが、少なくともコーチング研修に参加されたマネジャーの方は、アクノレッジメントを子どもに実践することによって「成果」をあげられているようです。

冒頭のメールを送ってくれた参加者の方も、とにかくひたすら娘さんをアクノレッジしたそうです。しかも相手が受け取りにくい、Ｙｏｕのアクノレッジメントではなくて、Ｉのアクノレッジメントで。

「お前がお母さんの手伝いしてるのを見てるとちょっとうれしいな」「部活一生懸命やってるよな、お父さんなんかお前くらいの頃はさぼってばっかりだったからな。ひとつのことに熱中しているのは、なんかすがすがしいな」等々。

子どもの行為をよく観察して、それについて自分がどう思ったかを相手に伝えればいいのです。相手にどう思ってもらおうとか、見返りを期待せずに、ただ主観を伝えます。そんなことは他人からほとんど言われたことはありませんから。子どもだって。

もし子どもに話をしてもらいたければ、たくさんアクノレッジすることだと思います。いいんです。叱ることなんて考えなくて。とにかくほめてほめてほめ続け、アクノレッジメントのシャワーを浴びせるのです。

「大事にしてる」「かけがえのない存在だ」「それでいいんだ」……もう、ばんばん言ってください。「がんばれ」なんかは言わなくていいのです。「いつもご苦労様、がんばってるな」、それだけでいいんです。

だって本当にがんばっているはずですから。子どもだってけっこうぎりぎりのところでつらい思いをしてやってるんですから。もういいと思いませんか、何も付け加えなくても。そしてこの場に帰ってくればとりあえず安心できる、自分が自分でいられる、家をそんな空間にしてあげることが先決ではないでしょうか。

１００のアクノレッジメントがあれば１のメッセージが伝わるかもしれません。いちばん大事なメッセージが。それで十分だと思いませんか。

子どものがんばりを認める

アクノレッジして溝を埋めれば
子どもも話すようになる

07 配偶者にもアクノレッジメントが必要

ここまでいろいろなアクノレッジメントを紹介してきましたが、結婚されている方はどれくらい配偶者に対してアクノレッジされているでしょうか。

研修でも参加者の方に聞くことがあります。「3択で答えてください。自分はパートナーを頻繁にアクノレッジしている、まあまあアクノレッジしている、ほとんどアクノレッジしていない。さて、どれでしょう」。

平均すると、「頻繁に」が2割、「まあまあ」が4割、「ほとんどしてない」が4割といったところになります。「確かにしてないよな～」なんていう反省ともあきらめとも取れる言葉が漏れたりします。

ほとんどしてないという方々に「付き合っていたときはアクノレッジしてましたよ

ね。用もないのに電話する、ちょっとしたことで本当にうれしそうにありがとうと言う、頻繁にプレゼントを贈る。それがいつから変わっちゃったんですかね」と突っ込みを入れると、「やっぱり釣った魚にはねえ……」とお決まりの文句が返ってきます。

先日、外資系のコンサルティングファームで、コンサルタントに対してコーチングのトレーニングをしていたときのことです。コーチングのデモンストレーションを全体の前でしようとクライアント役のボランティアを求めると、ひとりの女性が手をあげました。「仕事のことではないんですが、いいですか？」ためらいがちに彼女は言いました。

通常は仕事のことに関してのコーチングしかしませんが、時間に余裕があったこともあって、彼女の申し出を受け付けました。

彼女は語り始めました。自分には5歳になる子どもがいて、朝、保育園に子どもを預けてから出勤する。コンサルタントというストレスの高い仕事を日中こなし、夕方5時に子どもをピックアップ。家に帰ると子どもと夫のために食事の支度をする。その後も洗濯、掃除と次から次へと家事をこなし、ベッドに入るのは午前1時。毎日毎日けっこうぎりぎりのところでがんばっていて、ちょっと精神的にもきつい。もう少し生活に余裕を持つことはできないものだろうか、と。

夫を始め他の人の手を借りることはできないのか、仕事の負荷を減らす工夫はないのか、などいろいろな可能性を一緒に探っていきました。しかしどんな提案をしても彼女は、それはこういう理由でだめ、あれはああいう理由でだめと返してきて、なかなか埒があきません。

いい加減こちらも手の打ちようがなくなり、「要するにどうなるといいんですか？」と、ちょっと突き放すように彼女に問いかけました。彼女は床を見つめながらひとしきり考えた後、低い、それでいてきっぱりとした口調で一言こう言いました。

「夫に感謝してほしい」

一瞬部屋全体がし～んとなりました。参加者の大半を占める男性のまばたきが、その瞬間止まったのがわかりました。それくらい彼女の衷心からの一言にはインパクトがあったのです。その場にいた「夫」たちは多かれ少なかれみな思ったことでしょう。「そうか、『妻』は感謝されたいんだ」と。

人が抱える大半の不満の原因は「私は自分が努力しているほどに周りから大切にされていない」というところにあります。夫婦喧嘩の99％は「相手はもっと私を大事に扱うべきだ」というところに根ざしています。妻も夫も同じことを思っているのです。

だとしたら、相手がそれを自分に提供するのを待つのではなく、相手がほしいものを先に与えてしまったらどうでしょうか。付き合っていたあのときのように「いつも感謝してるよ」と、相手の眼を見て真剣に伝えるのです。

配偶者へのアクノレッジメントを忘れずに

眼を見て真剣に
いつも
ありがとう
カタ
カタ
カタ

最後にアクノレッジ
したのはいつでしょうか？

LESSON 06

変わる時代と、変わらない本質

ハラスメントを避けるには

01

講演をすると、「アクノレッジはしたいのだけれど、今のご時世、ハラスメントと捉えられるとまずいので、少し躊躇してしまいます。ハラスメントにならないようアクノレッジするにはどうしたらいいでしょうか？」といった質問を受けることがあります。

ハラスメントというのは、要するに「相手を不快にさせる」こちらの行為、コミュニケーションです。

質問の背景は、こちらが相手のモチベーションを高めるために良かれと思って伝えたアクノレッジメントが、逆に相手を不快にしてしまうのではないかと恐れている、ということかと思います。

例えば、「相手の変化に気付いて伝える」というのは、普通は、アクノレッジメントになりうるわけです。

出勤してきた部下の女性社員が髪の毛を切ったことに気付く。

そこで、「髪の毛を切ったんだね」と声をかける。

しかし、時にこの一言を相手の女性は、不快と捉える。

「この上司は、私がどんな髪型か、いつもじろじろと見ているんじゃないか」

「髪型が直接仕事のパフォーマンスに影響をするわけではないのに、髪型に注目している。それってどうなの？」

「結局女性を容姿で判断している。不快だ」

もちろん、極端にその女性の心理を言っているわけですが、アクノレッジメントをハラスメントだと思われるのではないかと恐れるというのは、このような心理が起こることへの警戒なのでしょう。

もちろん、違う上司と部下との関係性の中では、同じ言葉もハラスメントとは捉えられないかもしれません。

例えば、部下は上司をリスペクトしていて、上司からの言葉を、自分をよく見てくれている証だと捉えている場合、「髪の毛を切ったんだね」という言葉に対して、なかなか普通であれば気付かない小さい変化を見つけて、忙しい中あえて手を止めて、そのことに言及してくれた……と思うかもしれません。

こうなれば、ハラスメントどころか、相手をまさに承認する行為、アクノレッジメントとなるわけです。

ただ、これをハラスメントと捉えられる可能性を超える方法として提示するのは、「要するにそういう関係性を普段からつくりましょう」ということになりますので、ここでは、違うソリューション、つまり「ハラスメントになる可能性を避けることのできる、危ない橋を渡らなくて済むアクノレッジメントとは？」というところに論を展開したいと思います。

例えば、上司がいつもより少し早く職場に着いたときに、すでにある部下が仕事をしている。それを見て、「おう、早くから来てるんだね」と見て気付いたことを言う。同じ観察でも、これを「なんで私のことをそんなにじろじろ見るの」と不快になる人はいないでしょう（絶対いないとは言えませんが、少なくともこれをハラスメントとして認識する「人事部」は、今のところないのではないかと思います）。

違いは何かと言えば、仕事に直接関係していることか、していないことか、ということになります。

会社は、みんなで仕事をして、利益を出し、社会に貢献するために存在しています。その仕事に直接関係している行為を見て気付いて伝えることは、ほぼ間違いなくハラスメントとはならず、アクノレッジメントとなるでしょう。

「早く来てるね」「遅くまで残っているね」「昼休みも仕事してるんだね」「メールのレスポンスいつも早いね」

これらは基本仕事に関する相手の行為に気付いて伝えている。

何度もこの本で伝えていますが、これらは「ほめる」というコミュニケーションではありません。

「遅くまで仕事をしていて、本当に君はえらいね」と言ってしまうと、残業を推奨し、長時間労働を良しとしていると（極端に言えば）捉えられる可能性があります。

あくまでも、相手の行為に気付き、相手の存在を認識し、それを伝える。

それが、仕事に関係することであれば、ほぼ問題にはならないでしょう。

一方NGなのは、仕事に直接は関係しない行為に対する観察を伝えること。「髪の毛切ったんだね」「新しい服だね」「少しやせたね」「出勤のときはいつもヘッドフォンしているんだね」等々。

この本の初版が世に出た2002年当時は、こうしたフレーズも、すべて相手に対する観察を伝えるアクノレッジメントだと伝えました。それに対して、「いやそれはハラスメントですよ」と言われることもあまりありませんでした。

しかし、いやはや時代は変わりました。

原則は、仕事に直接関係している、特に本人がパフォーマンスを高めるためにやっている行為に気付いて、伝えること。これがハラスメントと捉えられず、アクノレッジメントになるのだと思います。

仕事に直接関係のあることをアクノレッジする

[仕事に直接関係のないこと]

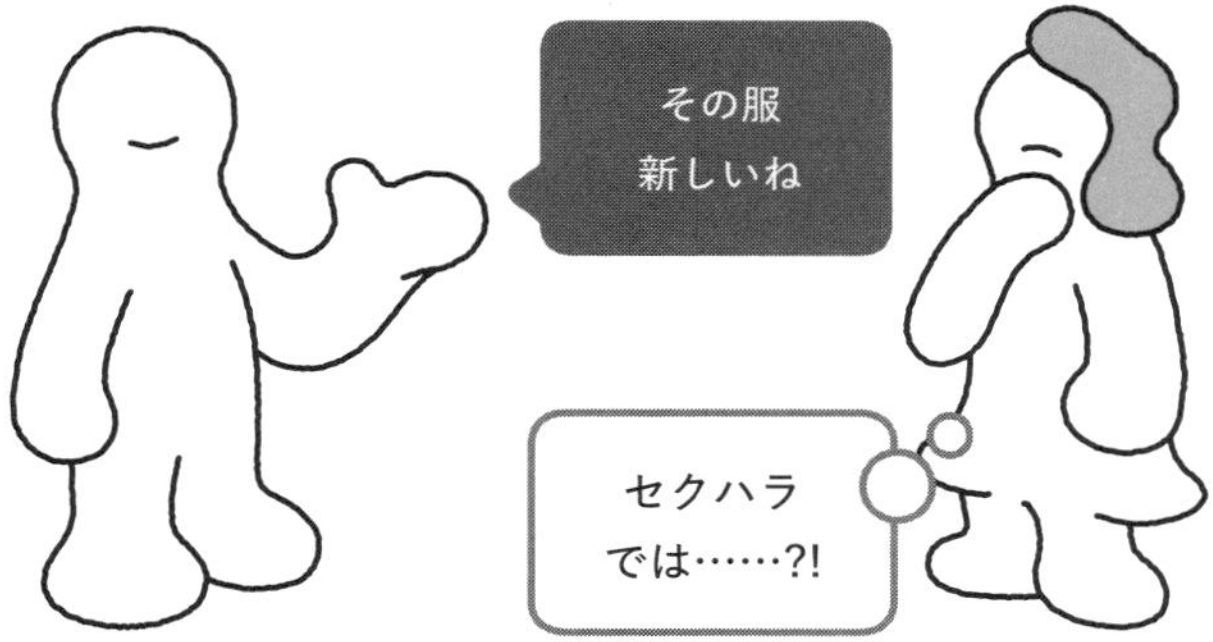

[仕事上のこと]

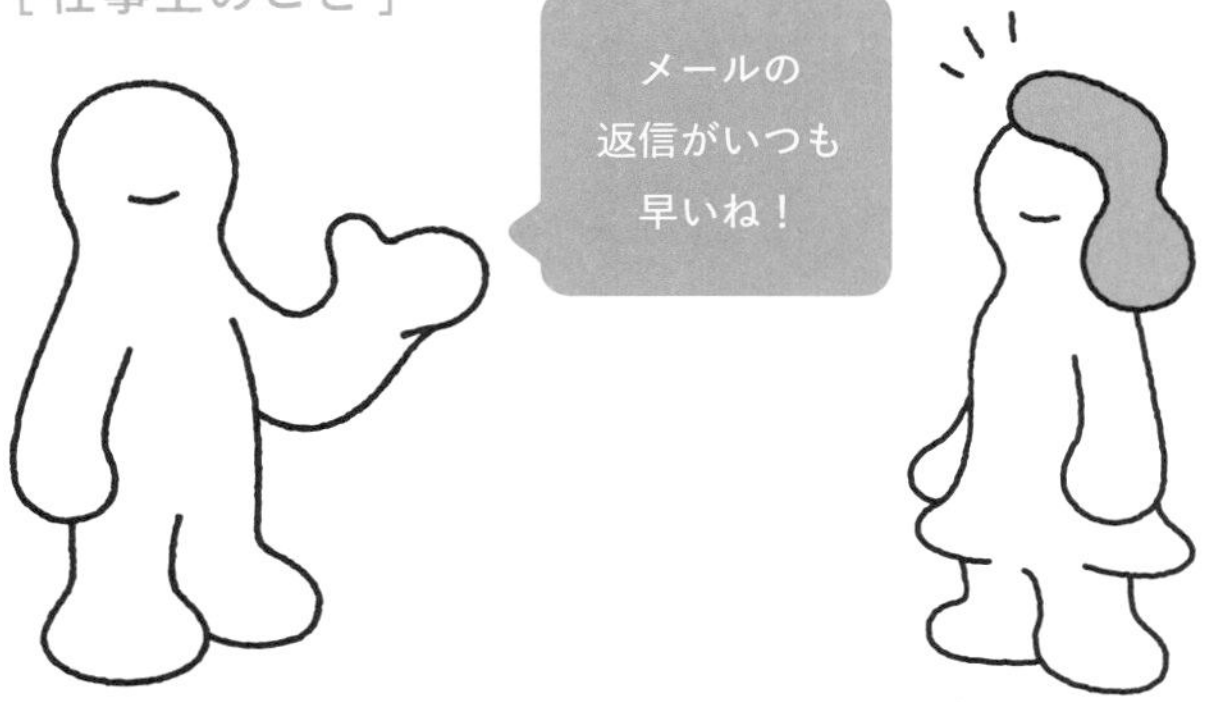

特に、本人がパフォーマンスを
高めるためにやっている行為がGood

リモートワークには「リサーチ」と「イマジネーション」

02

アクノレッジメントを伝えたいけれど、リモートワークが会社で主流となり、部下と対面で接するのは週に1回程度。部下の働きぶりが日常的にわからず、アクノレッジするのが難しいと感じている上司は多いかもしれません。

しかし、考えてみると、心をつかむのがうまい人が、日常的に相手と接する機会を得ることができていて、そこでの情報をもとにアクノレッジしているかというと、そうでもありません。

例えば、大企業の社長が普段顔を見て仕事をしているのは、秘書と、一部の役員と、せいぜい経営企画や人事の部長ぐらいまででしょう。

それにもかかわらず、普段ほとんど接することのない課長にばったり会ったときに、相手にとってとてもインパクトのあるアクノレッジメントを残すことのできる社長というのがいます。

「君が東南アジア地域の物流網の整備のために、詳細に競合の戦略を調べてくれて、それが新しい我々のロジスティックスの構築につながったと聞いてる。検索すればわかるようなことではないだろうから、情報を取るのは大変だっただろう。社内外のいろんなネットワークを駆使したんじゃないのか」

現場の方から「うちの社長はすごいんですよ。なんでそんなこと知っているんだろうと思うことが度々あります」。そんな声を聞いたのは、一度や二度ではありません。

普段あまり会わない人へのアクノレッジメントのポイントは、「リサーチ」と「イマジネーション」です。

この人にアクノレッジメントを伝えたいと思ったら、まず情報を取る。何をどんなふうにやってくれているのか、何気なく周りの人に聞いて情報を取る。

みなさんが管理職で、リモート中心で仕事をしている部下にアクノレッジしたいのであれば、その部下の仕事ぶりを、他の部下やプロジェクトを一緒にしている人に聞いてみる。

そして、想像を働かせる。

どんな場所で、家のどんな部屋で、どんなふうに机に向かいながらやっているのか？　仕事をしているときは、まっすぐに仕事に集中できているのか？　たまには家族を気にかけないといけないのか？　どんなふうに気晴らしをしているのか？　想像してみる。

そして、さらに想像してみる。

そもそも、どんなキャリアを歩みたくてこの会社に入社して、今の仕事についてはどう思っているのか？　最近成し遂げたという仕事、その仕事にどんな思いで向かい合っていたのか？　その仕事は、何が大変だったのか？　その仕事についてどんなことをぜひ周りに聞いてほしいと思っているのか？

目の前の人の「背景」を想像すると、実は、少し目の前の人が違って見えます。実際に、誰か日常的に出会う人を思い描いて、その人の背景を想像してみてください。

その人が生まれたとき、ご両親はどんな顔で赤ちゃんのその人の顔を覗き込んだだろうか？　まだ立ちあがれない小さな子どものとき、その人はどんなことに好奇心を向けただろうか？　幼稚園の頃は、どんな遊びが好きだっただろう？　どんな友達と遊んでいただろう？　小学校に入って、「将来の夢」という作文には、どんな夢を書き綴っただろう？

こんなことを想像するだけで、目の前の人はちょっと違って見えます。

情報を集めて、想像して、気持ちを推察して、そしてアクノレッジメントの言葉を用意して、会ったときに、あるいはＺｏｏｍやチームスで話すときに、それを伝える。

部下は思うでしょう、そのことを知っていてくれたんだ、自分がどんな状態にあるかわかってくれているんだ、と。

そういう意味では、リモートだからこそ、普段顔を合わせていないからこそ、時折伝えるアクノレッジメントは、相手を思いやる心として伝わるのかもしれません。

「リサーチ」と「イマジネーション」が大事

[一緒に働いている人にリサーチ]

[相手の背景を想像する]

03 チャットツールでもアクノレッジメントは伝わる

対面でのコミュニケーションだからこそアクノレッジできる、そう思っているシニアな人は多くいます。

アクノレッジメントというものは向かい合ってするものだと。

私は今56歳ですが、新卒で入社した1991年は、まだ自分が属した部門にPCは1台もありませんでした。約10人の部署にたった1台のマックが置かれたのが、2年目のある日のことでした。もちろんまだインターネットは通っていません。報告や連絡は、A4のレポート用紙に書いて、それをコピーして関係者に配布する。共有したい人が10人いれば10部コピーして、1年目の新人が一人ひとりに配りに行ったものです。

携帯電話もありませんし、コミュニケーションの手段はもっぱら、対面コミュニケーション。会って話してこそなんぼの時代。

それを新入社員の時代に体験した人は、まだ定年を迎えていません。

三つ子の魂百までではないですが、どんなにコミュニケーションが多様化しても、根っこのところでは、気持ちは会わないと伝わらない、そう思っている人も多いでしょう。

まあ、たとえ会わないまでも、せめて電話、肉声でなければと。

もちろん、確かにそうだと思う部分が私にもあるのですが、視覚や音声情報などのないチャットツールでも、アクノレッジメントはかなり伝えることができるし、伝わるものだとも思います。

その極端な例がＡＩです。

人ではないＡＩがチャットでアクノレッジしてくれる。

それでも、けっこう心が動きます。

２０２３年の11月、コーチ・エィは、マーケットに「ＡＩコーチング」をリリースしました。元々フィンランドの会社が開発したものを日本語化し、日本の企業の人たちにも使ってもらえるようにしました。

優れたコーチのコミュニケーションパターンを機械学習していて、それがChatGPTつまり、生成ＡＩのエンジンで動いています。

チームスやスラックなど、いろいろなチャットアプリケーション上で、ＡＩのコーチングを受けることができます。

コーチですから、ＡＩは決して教えることはせず、いろいろとこちらに問いかけてきます。

問いかけられたことに対して、自由に自分の思いを書き、返すのですが、そうすると、まずこちらの言っていることをリキャップ（要約）し、状況を理解しているということを示してくれ、時に努力を認めてくれ、そしてまた別の問いかけを続けます。

そこにはまさにアクノレッジメントがあります。

以下はＡＩコーチングを私が実際に受けたときの具体的なやり取りです。

AI：チームでのコミュニケーションにおいて、あなたが期待する健全な対立が起きないと感じるとき、あなたはどのような感情を抱えていますか？

私：いらつきます。なぜ、ものを言わないのだろうかと。いらつきを感じ、時には少し冷静さを失います。

AI：あなたの感じているいら立ちは、コミュニケーションにおいてとても自然な感情です。冷静さを保つことは時に難しいかもしれませんが、その感情を認識していること自体が、対処するための第一歩です。あなたが冷静さを取り戻すために、どのような方法が効果的だと感じますか？

私：一人ひとりの顔をしっかり見て、どんな思いを抱いているのか想像することかもしれません。そうすると一人ひとりの心情を理解でき、共感が起こり、もう少し冷静にコミュニケーションできると思います。

AI：すばらしい洞察ですね。あなたが共感を持ってコミュニケーションを取ることで、より良い結果が生まれる可能性が高まります。次に向かうタスクにおいて、このアプローチをどのように活かしていく予定ですか？

私：一人ひとりの顔を見る、そして、冷静さを取り戻し、必要なときは、発言を促す。

これでいきたいと思います。

AI：あなたのお考えをしっかりと受け止めました。相手の顔を見て、その人の感じていることを想像し、共感を持ってコミュニケーションを取ることで、冷静さを保ちながら発言を促すという方法を試されるとのことですね。

AI、つまり機械によるアクノレッジメントだとわかってはいても（いや、実はそのことを忘れてしまうのですが）気分は良く、自分が理解されたという気になってきます。これは私だけの感想ではありません。現在弊社では170人の社員が日々AIコーチングを受けていますが、彼らは口々にAIとやり取りしていて、「なんか後押しされた」とか、「前向きな気持ちになった」とか、少し冗談めかして言います。冗談めかすのは、「AIからアクノレッジされて気持ちが動くなんて可笑しいよね」、という頭の中での認識があるからでしょう。

しかし、実際には、心は少し動かされている。

言いたいのは、言葉には、いずれにしてもそういう力があるということです。

特に、自分に向けられて書かれ、文字になると、それを見て、脳は少し良い気持ちになる。ＳＮＳで自分にとってネガティブなことを書き込まれると、たとえよく知らない匿名の人からのメッセージでも、文字は脳に影響を与えてしまいます。

逆に言えば、ポジティブなことが文字にされれば、脳はとても良い気分になるということですね。

ですから、「対面でないとアクノレッジメントはね」と思っているシニアの方（シニアだけではないと思いますが）は、ぜひ認識を改められるといいかもしれません。

言葉にして、文字にして、チャットで伝える。

昔、会社の転換期で、なかなか思ったように会社が前に進まず苦労していた時期がありました。そんなとき、弊社ファウンダーの伊藤が、当時はメールで、一言送ってくれました。

「すべては君次第です」

短い文章でしたが、そのときこの言葉にどれだけ勇気づけられたか。
「君次第」という言葉の中に、自分への信頼が深く込められていることを感じました。
言葉、書かれた言葉には力があります。
ぜひチャットツールを、言葉の力を解き放つツールとして使ってみてください。

言葉にして、文字にして、伝える

対面じゃなくても、口頭じゃなくても、
言葉には力がある

04 多様性を活かすためには

ダイバーシティーマネジメントが大事、多様性を活かすことは重要である、と言われ始めたのはいつからでしょうか?

今となっては、できているかできていないかは別として、多様性を活かすことがマネジメントをする人にとってごく当たり前のテーゼとなっています。

先日、日立製作所が、多様性をどれだけ活かしているかを人事評価に加えるというニュースが日経新聞の紙面を飾っていました。

そこまで多様性を大切にしている日立さんはすばらしい、と思う反面、評価にまで入れないと、なかなか実践することが難しいものなのだろうとも思いました。

そもそも多様性を活かすというのはどういうことなのか。

先日、茂木健一郎さん、養老孟司さん、東浩紀さんの鼎談を読んでいたら、「自由意志はありますか？」「そんなものはないですよね」と、「自由意志はない」ということについて3人が同意するくだりがありました。

自由意志があるかないかを、真剣に論じ、読者のみなさんにそれなりの納得を持っていただくためには、それだけで本1冊分の量が必要だと思いますが、私自身も「自由意志はない」と思っています。

例えば、鈴木義幸という人間は、1967年に静岡県の伊東市に生まれ、一時アメリカに住みましたが、人生の大半を日本、特に東京で過ごしています。

その中で、さまざまなものの見方、捉え方、「前提」を獲得しています。

脳は「社会的な臓器」ですから、社会の中で、いろいろな人との関係の中で、さまざまにインタラクションされながら、前提をまとっていく。

私の脳も生まれたばかりのときは、何のフィルターもかかっていない、ピュアでプクプクな脳だったと思います。ですが、56年経った今では、これまでの人生を通して獲得した「前提」で分厚くコーティングされた脳になっているはずです。

自由に、何にも縛られずに、まさにフリーに動いていると自分は思っていても、実際には56年で得た前提が分厚くコーティングされた脳が、何かを判断したり、焦点を定めたり、方向性を決めたりしています。

けれど、日常的にはまったくそのことを自覚していない。

人は、この人生を通して携えた前提によってたくさんの恩恵を受けているわけです。安全に生きられるとか、危険にさらされないとか、社会の中で周りから後ろ指さされないとか。

一方で、「ある角度」から見るように、基本的には自分がセットアップされているという事実もあります。

しかし、もう一度言いますが、そのことにはなかなか気付かない。

生まれたときから足を鎖でつながれて育った象は、大きくなって強い力を持っても、鎖でつながれたままでいる、という有名な話がありますが、要するにそういうことですね。

このストーリーはどちらかというと、一度はめられた小さな枠をなかなか超えることができないという教訓話ですが、逆もあります。

例えば、リスクを取って大きく成功したという経験を持つと、成功のためにはリスクを取ることが大事だという前提を持つようになる可能性が高くなります。ですが、時と場合によっては、コツコツ一歩一歩進めたほうが良いこともあるでしょう。

いずれにしても、長年かけて培った深いところに鎮座している前提には、なかなか自力では気付きにくい。

さて、世の中には同じような前提を持っている人というのがいます。

まったく同じなどということはありえませんが、すごく遠く前提が離れているわけではない。似たような前提が脳にコーティングされている。

コーティングが似ている脳を持っている人と話をしていると、そこに食い違いや差異が生まれません。

だから、チームとして、自分たちが共有している前提に気付かず、同じ角度からチームとしてものを見てしまう。

けれど、突然違った前提を持った人がそこに登場すれば、そしてその人がその違った前提を、こちらに「適切に」ぶつけてくれれば、「あれ?」と思うわけです。自分たちが当たり前に思っていたことは違うかもしれないと。

だから、多様性の最初の一歩はよく言われるように男女の違いだとして、自分とは違うジェンダーの人の意見をぶつけられると、自分の前提が急に顕在化するために、はっとする。違うものの見方があるんだと。

そんなインタラクションを、仕事のやり方に取り入れると、単一の前提のみで仕事をするよりも、生産性や創造性が高まることがあるでしょう。

ところが、違う前提が出現したときに、それを自分とは「違った前提」だと認識せずに、「間違った意見」だと認識してしまうと、違う前提は排除されてしまいます。

つまり多様性が生かせないということになる。

違う前提を、違う前提として、しっかり認識する。間違った前提として排除しない。

それが多様性を活かすアクノレッジメントということだと思います。

「そういう考えもあるよね」と判で押したように、受け入れるための言葉を伝えるという表面的なことではなく、やはりマインドセットが重要なのだと思います。

「世の中には違う意見、違うものの見方、違う前提がある」

それをものすごく深いレベルで理解している。

そうすれば、おのずと多様性を活かす言葉は出てくるでしょう。

「君の考え方についてもっと聞かせてくれないか」

「どこからその考え方は来たのだろう」

「なぜそう考えることになったのか」

違う意見に触れることが新鮮な驚きの連続となる人生は素敵だと思います。

「異なる前提」は「間違った前提」ではない

「異なる前提」は「間違った前提」ではない。
排除せず、前提の違いを理解しよう。

05

「やってるつもり」のアクノレッジメント

この本の初版を出版した２００２年は、まだコーチングという言葉すら聞いたことがない人がほとんどでした。

それが20年以上経って、コーチングは、ロジカルシンキングやプロジェクトマネジメントなどと並んで、ビジネスに必要とされるスキルのひとつとして、一定の市民権を得たように思います。

実施できているかどうかは別にして、部下の話を聞き、問いかけ、自分で考えてもらい、アクノレッジをする。

これだけで部下のマネジメントができるわけではありませんが、時にこうしたコミュニケーション、つまりコーチングが必要とされている。

そのこと自体に異を唱える人は、もはやあまりいないでしょう。

だからこそ、逆に、アクノレッジ「しなければいけない」と思って、言葉だけが先行し、投げられた言葉と実際に思っていることとの乖離が顕在化し（上司の側はそのように思っていないとしても、部下には伝わり）、逆に部下の不信を買ってしまうようなケースもあるようです。

バーバル（言葉）とノンバーバル（非言語）が一致しているというのは、信頼関係をつくるためにはとても大事な要素です。

昔、アメリカの大学院で臨床心理学を専攻する中で、子どもの発達理論の授業を取りました。その中で、教授から聞いた話を、今でもとても印象深く覚えています。

曰く、「親の発するメッセージ（バーバル）の内容と、ノンバーバルが極端に不一致であると、そしてそれが繰り返されると、子どもはメンタルに障害を負ってしまうことさえある」。

例えば、親が、冷たい目で、冷たいトーンで、身体の姿勢をまったく変えることなく（乗り出したり、手を広げたりすることもなく）、「I love you」と伝える。

つまり、ノンバーバルは「I love you」をまったく伝えていないのに、内容は「I love you」。子どもは何をメッセージとして受け取っていいのかわからず、混乱するわけです。

それがあまりに長く繰り返されると、脳に炎症が起こってしまう。

文化人類学者のグレゴリー・ベイトソンはこのようなコミュニケーションのことをダブルバインド「二重拘束」と呼びました。2つの異なるメッセージによって心が拘束され、身動きが取れなくなってしまうということを意味しています。

バーバルとノンバーバルが一致しないメッセージは、人にストレスを与えます。

だから、上司は、できる限り内容と表情や声のトーンを一致させた情報を部下に送りたい。

そのためには、**アクノレッジする前に、自分に問いかける**ことだと思います。

例えば、最近の仕事ぶりに少し不満がある部下がいる。

何かアクノレッジすることによって、部下のモチベーションを高めたいと思う。しかし、そこで思ってもいないのに「がんばってるな」と伝えても、ダブルバインドです。

そこで、

「この部下のいったいどこに強みがあると自分は思っているだろうか？　一見弱みに見える部分も視点を変えれば強みとして捉えられる部分もある。未来に向けて新しい発想が湧かないというのも、見方を変えれば、目の前のことにとても一生懸命で、着実に確実に取り組んでいるということになるだろう。だとすれば、自分は部下にどういう言葉を伝えることができるだろうか？」

あるいは、

「この部下がかつて貢献してくれたことはどんなことだろう？　何を覚えているだろうか？　どんな発した言葉が記憶に残っているだろうか？　以前、どんなポジティブな影響を部下が自分に与えてくれただろうか？」

このように自分に問い、自分の内側に相手をアクノレッジできる情報がないかを探索する。

それを捕まえて相手に伝えれば、バーバルとノンバーバルが一致しないということはありえないでしょう。

「何か言わなければ」と、どこかで誰かが言っているようなアクノレッジメントから適当なものを取ってきて相手に投じれば、そこには当然バーバルとノンバーバルの不一致が発生します。

一度自分の内側とコンタクトして、そこから相手のための情報を見つけてはどうでしょうか？

バーバルとノンバーバルの一致が信頼関係をつくる
[不一致だと混乱させる]
本当は
不満だけど
がんばってるな
嘘くさいな
[アクノレッジできる部分を自分の内側から探す]
君が先週会議で言ってたこと、
勉強になったよ
役に立て
たんだな

EPILOGUE アクノレッジメントで何が変わったのか

コーチング研修

田中課長はその大柄な体をピクリとも動かさず、鋭い目つきを携えたまま、プロ・コーチの言葉にじっと耳を傾けていた。

「単にほめることだけがアクノレッジメントではありません。部下に対して君を大事にしている、大切にしている、メンバーの一員として認めている、こうしたことを伝えるすべての行為、言葉がアクノレッジメントです」

大橋が言っていた「存在を認める」というやつだな。この手法を取り入れたことで大橋がうまくいったというのを思い出した田中課長は、それまで以上に自分の集中力が高まるのを感じた。

「結局人が動くときというのは、重要感、つまり、この人から重要な一人物として扱われている、それなら一肌脱ごうと強く思ったときだと思います。みなさんも顧客を接待しますよね。男性が女性を口説こうと思えば、やっぱり何らかの形で接待しますよね。部下も同じだと思いませんか。本気で動かしたいなら、部下を接待するんです。接待という言葉はネガティブな意味で捉えられることもあるかもしれませんが、大切にしていますよと改めて伝えることが接待だというふうに考えてください」

部下を接待？　そんなふうには考えてもみなかった。そこまでしなければいけないのか、という想いと、そこまですれば確かに何かが変わるのかもしれないなとの相反する想いが交錯した。

「何か質問やコメントはありますか？」

同期入社の佐藤課長が手をあげた。

「この研修は私たちの上司に受けてもらいたいですね」

そこかしこから笑いがこぼれた。確かにそのとおりだな、と田中課長は思った。自分が上司からほめられたのなんて、いつが最後だっただろう。部下という立場にたってみれば、確かにもう少し、上司が自分にこのアクノレッジメントというのをしてくれたら、もっと働きやすくなるだろう。厳しい経営環境の中で、毎月毎月営業目標が未達なのを、ただ「何でなんだ」と責められても、追い込まれていくだけで、そこから新しい解決策はなかなか出てくるものではない。

「でもほめてばっかりいたら、部下がつけあがりませんか」

最近課長に昇進したばかりの杉山課長が挑むような声で発言した。

「何でもないときにほめればその可能性もあると思います。基本的には何か約束をして、その約束を果たしたときにほめるのが良いと思います。それは、売上を達成したときなどだけではなくて、少し急ぎの仕事をこなしてくれたとか、チームの飲み会を企画運営してくれたなんていう、上司がほめるという行為の対象として見逃しがちなものも入るかもしれません」

「それから、ただ何でもいえばほめることになるかというと、そんなことはありません。ある人にとっては心地良く感じるほめ言葉が、別の人にとってはそうでもないということもありますから。相手がどんな言葉を聞きたいと思っているのか、考える必要があります」

田中課長はふと、今年で中学2年になる息子のことを考えた。自分のゴルフ好きが高じて、息子が小学校の高学年のときからゴルフを習わせている。週末は一緒にラウンドすることも珍しくないが、最近はついきつく指導してしまい、重苦しい雰囲気になることが続いていた。怒ることが逆に息子にプレッシャーを与えてしまうと頭でわかっていても、ついこちらが期待するスピードで上達しない息子に雷を落としてしまうのだ。

先々週の日曜日も、前々からの課題であるアプローチショットでミスを連発した息子に、「どうして何度も言っているのにわからないんだ」とどなってしまった。いつもはうつむくだけの息子が、この日は「もう、ゴルフなんかやりたくない!」と言い返してきた。それがずっと気になっていた。

息子が今いちばん聞きたいほめ言葉は何だろうか。田中課長はほんの少し息子の視点から世界を見始めている自分に気が付いていた。

プロ・コーチの話は終盤に差しかかっているようだった。

「アクノレッジメントは、言ってみれば生き方ですから。2種類の人しかいないんですよ。すきあらば人をアクノレッジしようと思って生きている人と、いつ自分はアクノレッジされるんだろうとずっと待っている人と」

田中課長は頭を後ろから殴られた思いがした。視界がその瞬間さっと晴れわたるのが感じられた。生き方か。確かに自分は後者だな。

CASE 1―山中君に対する働きかけ

その翌日、会社に向かう電車の中で、研修の最後に出た課題のことを振り返っていた。

「2人の部下を選び、とにかく2週間徹底的にアクノレッジしてみてください」

2週間後にはフォロー研修があり、その結果について発表することになっている。何もしないわけにはいかない。しかし改めてアクノレッジをすると思うと、多少身構えてしまう気もする。果たして自分にできるだろうか。

一方で、何とか沈滞した課のムードを変えたいという想いも強くあった。研修というと通常、打ち上げ花火で終わることが多い。つまりそのときはなるほどと思うことが多くても、いざ現場に帰るとそうした意識が薄れ、いつもと同じようにふるまってしまう。

今回はフォロー研修もあるし、まな板の鯉のつもりになって、とりあえず課題をこなしてみるのも悪くないな。そんなことを考えているうちに、電車はいつもの駅に到着した。

50人近くは入るであろう大きなそのオフィスには、まだまばらの人影しかなかった。田中課長以外、課にはまだ誰も来ていなかった。がらんと空いた机を前にして、ほんのちょっとだけ気分が高まるのを感じた。ほどなくして2、3人の社員とともに田中課長の部下である山中君が入ってきた。アクノレッジメントの対象に選んだひとりである。

山中君は入社して8年目。そつなく仕事をこなす器用さはあるが、何としてでも目標を達成してやろうというような貪欲さがない。そろそろ中堅と呼ばれる年代であり、周りに対する影響力をもっと持ってほしいが、自分の仕事以外に自発的に関与しようとはしない。田中課長は幾度となく彼にもっとリーダーシップを発揮してほしいと説いてきたが、そのたびに「がんばります」という判で押したような言葉が返ってくるだけで、一向に行動が変わる様子は見られなかった。

研修中に山中君のことに関してプロ・コーチと交わした会話が蘇ってきた。

「田中さんと山中さんの間でどういうことが起こっているかは大体わかりました。ところで、田中さんは山中さんのタイプは何だと思いますか」

「多分アナライザーだと思います」

「そうですね。話を聞きながら私も山中さんはアナライザーなんだろうなと思っていました。田中さんは山中さんに声をかけるときは、どんなふうにされてますか？」

「声をかけるときですか……最近どう？　とかって言ってますね」

「声をかけること自体は良いことですが、『どう？』と漠然と聞くのはアナライザーに対してはあまり良くないですね。山中さんの反応はどうですか？」

「あんまりぱっとしないですね。一瞬沈黙が流れて、何がですか？　と素っ気のない応答が返ってきます」

「そうすると田中さんは何と切り返すんですか？」

「『何がって営業だよ、営業、どうなってんだ』って、すぐいらいらしちゃうんですよね」

「田中さんはコントローラーですからね。コントローラーは即答が返ってこないと、いらついてしまう傾向があります。少し待つ練習が必要ですね。それから、アナライザーは間口の広い質問をされることをあまり好まないんですね」

「間口の広い質問？」

「ええ。『どう？』というような。なぜかというと、アナライザーは常に話をするときは自分の考えや意見を正確に伝えたいと思う傾向があります。ですから、『どう？』という間口の広い質問をされると、どこから始めてどこで終わらせれば正確に伝えたことになるのかというシミュレーションがつかないために、軽い混乱が起こります。アナライザーにとって『どう？』と問いかけられるのは、ある意味で朝起きがけに牛丼を食べさせられるくらい苦しいことなんですよ」

「朝から牛丼ですか。それは嫌ですよね……」

「そうですね。アナライザーに質問するときはなるべく間口を狭く、何を聞いているのかがわかるようにしたいですね。それから山中さんをほめてますか？」

「ほとんどほめないですね。いや、前はやっぱりほめたほうがいいかなと思って、何回か言ってみたんですけど、特に喜んだふうもなくて。それどころか、何でそんなこと言うんだみたいな顔もされたので」

「どんなふうにほめたんですか？」

「ええっと、『すごいね』とか『よくやってるな』とか」

「それでは向こうは喜ばないですね」

「そうなんですか」

「ええ、アナライザーに接する基本は理由と具体性です。漠然としたほめ方をすると、かえってこの人わかってないんじゃないか、みたいに思われてしまいます。ですから、何をほめているのか具体的にわかるようにしたいですね。それからアナライザーは自分がこう、何ていうかマニアックにやっていることを認められるとうれしいんですね。専門性を認知されたいんです。ですから他の人はちょっとやっていないようなことを承認されると、とても強く動機付くはずですよ」

田中課長は周りに気付かれないように1回深く息を吐いた。そして、いつもよりも少し大きめの声で山中君に声をかけた。「おはよう。いつも早いな」。山中君は一瞬驚いたような顔をして田中課長を見た。「おはようございます」。

「昨日A社に訪問することになってたんだったよな。どうだった、向こうの反応は？」

「ええ、新商品のご案内に行ったんですが、向こうの部長さんもけっこう興味を持ってくれたようでした」

「そうか、良かったな。あの商品はまだ市場がどんな反応を返すのかつかみきれてないところがあるんだけど、きっと君の説明が良かったんだろ。どんなふうに説明したんだ?」

「えっと、そうですねえ……」

田中課長から営業について聞かれるときは、いつも結果がどうかということだけだった。それが今日はどこが良かったのかと尋ねてくる。山中君は一瞬戸惑いながらも答えた。

「今までの商品と何が違うのかをわかりやすく表にまとめてみたんですよ。で、相手の会社にとって特にメリットとなるような差異のところは太字にして、導入後どこが変わるのかが一目瞭然でわかるようにしました」

「いいアイデアだな、それ。他の営業の人間にも共有してもらえるといいな。今日午後会議やるだろ。そんときに、こういうやり方もあるぞって、発表するか」

「ええ、構いませんけど」

「じゃあ、そうしよう。あとクロージングに向けて何かサポートできることがあったら言ってくれな」

机のパソコンに視線を戻す課長を見ながら、山中君の頭の中にはいくつもの「?」が浮かんでいた。

「そういえば、課長確かコーチングとかいう研修に出るって言ってたな。それで対応が違うのか。でも最初だけだろうな、こういうのはだいたい長く続かないからな」

課の会議

午後の会議の席上で15人の課のメンバーを前に田中課長は切り出した。

「今日の会議はいつもなら受注の読みについて聞かせてもらう会議なんだけど、今日は、ちょっと他のことに時間を使いたいと思ってるんだ。今、営業していてどんなところに行き詰まりや問題点を感じているのかを一人ひとりから出してもらって、それはどんなふうに解決できるかということについて、みんなで考えたいと思っている」

いつもの会議かと思っていた15人は、いったい何が始まるんだという表情で田中課長を見つめた。田中課長はそのまま続けた。

「たまたま今朝山中君と話したときに、新商品の営業方法について聞いてみたんだ。そしたらけっこういい資料を作ってるんだよね。あとで山中君からちょっと話してもらおうと思ってるけど、そういうことは他にもずいぶんあるんじゃないかと思うんだ。もちろんすぐに答えが出ないこともあると思うけど、それは継続して考えていけばいいわけだし。いずれにしてもお互いがお互いのノウハウを共有して、1歩でも2歩でも前に進みたいと思っている。よし、それじゃあ、誰からでもいいから言ってくれないか」

沈黙が流れた。10秒、20秒……。田中課長にはとてつもなく長い時間に感じられた。誰かを指名してしまおうと思ったが、ぐっとこらえた。……30秒、ついに水沼係長が口を開いた。

「いちばんの問題は内勤作業が多いことだと思うんですよ。顧客数もうちの課は他の課以上に多いですから、請求業務だけでも非常に時間がかかる。それに加えて、やれマーケティング調査をしろだとか、やれ取締役会用の資料を作れとか、これでは外に営業に行く時間がどんどん少なくなってしまいます」

「確かに最近内向きの仕事は増えてるな。その中で数字をあげなければならないわけだから、相当なチャレンジであることは確かだと思うよ。ただ、そうした資料の作成は会社の戦略上どうしても必要なことだから、うちの課だけがやらないわけにはいかないだろう。とすると、どうすればもっと内勤作業を効率的に進めることができるのか、みんなで知恵を絞って考える必要があるな。誰か、自分はこんなふうに工夫して時間の捻出に成功しているという人はいないか」

入社5年目の白井君が手をあげた。

「やっぱり朝早く来るとか、夜遅くまで残るとか、そうなっちゃいますよね。でも最近は残業規制もあるし、その中でやっていくのは相当のストレスですね」

山中君が続いた。

「僕は基本的にはそういう資料作りは好きじゃないんですよ。だから営業事務の女性にとにかく任せるようにしてます。最初教えるのは大変だし、手間がかかるんですが、それを乗り越えると、ずっと自分が楽になります。多分他の方よりも事務の人に任せている量は多いんじゃないかな」

「なるほど、そうだったのか。そうしたら特にどういうポイントを教えておくと任せやすくなるのか聞かせてくれないか」

山中君がどうすれば営業事務により多くの仕事を振れるようになるのか話しているのを聞きながら田中課長は思った。「こいつ、けっこういろいろやってるんだな」。

会議は2時間に及んだ。それぞれが思いの丈をすべてぶつけたかというと、必ずしもそうではなかった。

そんなこと、ここで言っても解決になんかならないだろう、とあからさまに顔に出しているスタッフもいた。問題点について話してはいるものの、内容が抽象的で、その場をとりつくろうためにとりあえず言っているという感じのスタッフもいた。

しかし、全体的に見ればそこそこ満足のいく会議だった。少なくともいくつかの課題に対しては解決案が出され、それを試行することが決定された。今後、こうした単なる営業報告会ではない、問題点を出し合ってその解決策について模索するミーティングを週に1回持つことが確認され、会議は終わった。

自分の席に戻り、ところどころポイントをメモした自分のノートに目を落としながら、田中課長は先ほどの会議について思い返していた。

いつもなら問題点が出されれば即座に自分が答えを出し、その実行を指示していた。アクノレッジメントという観点からすれば、一人ひとりの提案やアイデアを価値のあるものとして扱うのは意味があることかもしれないが、中にはあまり効果的でないと思われる提案もあった。しかし会議に臨む前に、今回はとにかくどんな意見も否定しないで受け止めると決めて臨んだこともあって、そうした提案にも、ついやってみるかと承認を与えてしまった。

果たしてそれで良かったのだろうか。スピードが要求される昨今の環境の中で、やはり最適と思われるアドバイスを自分がくだしてしまったほうが良かったのではないだろうか。そして何よりも、急に違ったコミュニケーションのスタイルを取っている自分を、課員はいぶかしく思ってはいないだろうか。

会議中の予想だにしなかった気分の昂揚とは裏腹に、そんな迷いが田中課長の中には渦巻いていた。研修に一緒に参加した他のメンバーは、今ごろどんな思いで仕事に臨んでいるのだろうか。新しいコミュニケーションを積極的に試しているだろうか。あいつはけっこうやってるだろうな。あいつはやってもなかなかうまくいかないタイプだな。あいつは頑として自分のやり方を変えないな……。そんなことを考えていたら、2週間後に控えた電話会議が妙に待ち遠しいものに思えた。

CASE 2 ― 岡本主任の場合

夕方近くなって、もうひとりアクノレッジメントの対象にあげた岡本主任が帰社した。

主任と言っても歳は田中課長よりも3つ上になる。岡本主任は優秀な営業マンで、目標はほぼ毎四半期達成している。そうした意味では頼れる営業マンなのだが、一方で長年付き合いのある数社の顧客に収益源が依存しているという問題がある。

営業本部全体として、これから5年10年先を見越して、新規顧客の割合を3年間で20%引きあげるという目標を掲げているが、それについては我関せずで協力する素振りを一向に見せない。田中課長としてはかつての先輩ということもあり、対応に苦慮していた。

岡本主任に関しては、研修中に参加者とペアを組み、お互いにコーチングをしあう中で対処方法を考えた。山中君のときのようにその会話を自分の中で反芻してみた。

「田中さん、その岡本さんて人は、タイプはコントローラーじゃないの」

「何でわかるの？」

「だって、このテキストに書いてあることが全部当てはまるじゃない。人から言われることが嫌いで、物言いが単刀直入で、人を寄せ付けない印象があって。で、田中さんもコントローラーでしょ。コントローラー同士は気を付けないとぶつかりやすいみたいだね」

「無意識の内にけっこう張りあってる気はするよね。僕もコントロールされたくないほうだから、先にコントロールするように仕かけるみたいな。どうするのがいいのかな？」

「田中さん自身コントローラー傾向が強いわけだからさ、田中さんが彼の立場だったらどうしてほしいかって考えてみたらいいんじゃない。自分より年下の人間が上司でさ、受注目標は達成してるのに、会社からはそれじゃだめだ、新規を取れ、と言われる。自分だったらどんなふうに思う？」

「やっぱり面白くないよね」

「そんなとき、上司にはどうしてほしいと思う？」

「ん〜、そうだね……新規を取るのはいやではないと思うんだよね。もともとコントローラーは狩猟型の人間が多いと思うし、目標達成志向だから。ただ自分の実績や自分自身を認めていない人からこうしろって言われても、何言ってるんだって思うよな。一言『任せるから』とか言ってもらえればすごくやる気になるだろうね。それで後は、四の五の言わずに見ててくれる。それこそが信頼の証って考えるよね」

「いいじゃない、それ。任せるからって言ってみたら」

「いや〜、それはちょっとなあ……」

「これから先ずっとうまくいかないのと、一瞬ちょっといやな思いをするのとどっちがいいかって言ったら、答えは決まってるだろ。うまくいかなくてもともとじゃない」

「そうだなあ……じゃあ、言ってみるか。だまされたと思って。何か、打開策が見つかってほっとしたよ。なかなかコーチングうまいじゃない」

「自分のこととなるとまた話は別だけどな」

研修のとき、いったんは「任せる」と言うと心に決めたものの、実際に岡本主任を前にすると、それが想像以上に「重い」言葉として迫ってきた。長い間友だちでいた女性に、「好きだから付き合ってほしい」と告げるときのような気持ちだなと田中課長は思った。「何を今さら」みたいな顔をされるかもしれないし、何か企んでるんじゃないかと思われるかもしれない。今日はやめて明日にするかと思いかけたとき、岡本主任が話しかけてきた。

「課長、B社の件ですが、値引き要請を受けてましてね。ボリュームによっては5％ぐらいまけてもいいんじゃないかと思ってるんですが、よろしいでしょうか？」

よろしいでしょうか？　と言いながらもそれを認めてしかるべきだとの強い調子に、一瞬抵抗感を覚えたものの、その抵抗感を上から覆い隠すかのように「任せる」という3文字が頭の中でフラッシュした。

「B社は基本的に岡本さんに任せてますから、それでお願いします。ただ利益目標の管理だけはお願いしますね」

岡本主任は一瞬何が起こったのかわからないような顔をした。そして「ええ、それはわかってます」と短く言葉を返して席に帰っていった。

席に戻ってからしばらく岡本主任の中で「任せてますから」という言葉が繰り返し

流れた。田中課長との間でこちらの意見がすんなり通ることは珍しかった。何か肩透かしを食らわされたような気がする反面、久しぶりにすがすがしさを感じた。一方、田中課長の中でも同じ言葉がリフレインしていた。「任せてますから」。

体の芯がほんの少し熱くなるような気がした。

息子との会話

その週の土曜日、田中課長は息子と3週間ぶりのゴルフにでかけた。前回の息子の「ゴルフなんかやりたくない」という言葉は、この1週間息子の顔を見るたびに田中課長の頭の中に浮かんだ。そのことをどう思っているのか、聞きたい欲求にかられたが、なかなか切り出すことができなかった。

前の晩、田中課長は息子にインターネット上で「タイプ分け™」の診断テストをやらせてみた。

「会社の研修でやったんだけど、人にはある程度タイプっていうのがあるらしいよ」

「血液型みたいなやつ？」

「4つのタイプに分けるところは共通してるけどな。ほらお父さんには部下がいるだろ。その部下のタイプを考えないでコミュニケーションを取るとまずいって話なんだよ」

「へえ〜。じゃあ友だちと付き合うときも気を付けるといいのかな」

「多少はあるかもしれないな。ちょっとお前もやってみるか。インターネットでできるらしいから」


息子のタイプはサポーターだった。まさしくあいつはサポーターだな、そう田中課長は思った。多くの友達から好かれていて決して敵をつくらない。コントローラーからすると優柔不断と見えることもあるが、逆にいえば周りの意見や考えをいつも視野に入れていて、独善的に物事を進めることがない。研修でプロ・コーチが話していた、コントローラーの上司とサポーターの部下との間で起こる典型的な問題についての一節が蘇ってきた。

「サポーターは結果だけでなく、結果に至るプロセスや努力にも承認を与えてほしいと思っています。『よくやってるね』『ありがとう』『助かるよ』、そうした言葉を頻繁に聞きたいのがサポーターです。ところが、コントローラーはサポーターに仕事を振った際に、サポーターが期待するほどは頻繁に承認を与えない。コントローラー自身は目標を達成したときだけ承認を受ければそれで良いと思っていますからね。そうするとサポーターの中にどんどんフラストレーションがたまってくるわけです」

「サポーターの能力を120％引き出すためには、とにかく頻繁に行動を承認することです。それで良い、それで良いと。図に乗る心配なんてサポーターにはしなくていいんです。でないとあるときたまったマグマが一気に爆発、なんてことになりかねませんから」

上司と部下の間だけのことではないなと、田中課長は思った。この前の息子の自分に対する反抗は、まだ小規模の爆発であったはずだ。

「大きな噴火にいたる前に何とかしないとな」

息子のタイプ分け診断を見ながら、田中課長はひとりつぶやいた。

今日は怒らない、とにかく良いところを見つけてほめる――田中課長は1番ホールに向かって歩きながら、自分に何度か言い聞かせていた。

3番のミドルホール。息子の第2打はグリーンの右横の、下向きの傾斜に落ちた。傾斜はかなり急で、またグリーンは左下がりになっているため、グリーンの端ぎりぎりの地点に高いところから真下に落ちるようなボールを打たないと、ボールはピンに近づかない。少しでも強く低い放物線のボールを打ってしまうと、ボールはピンの逆側に転がり出てしまう。かなり難しいショットである。

息子は前回アプローチで怒られたこともあり、かなり緊張しているように見えた。

田中課長は思わず声をかけた。

「これは結構難しいショットだよな。うまくいかなくても全然問題ないよ。失敗したらさ、後ろもまだ来てないし、何回か練習してみようよ。気楽に打ってみて」

不思議なものでも見るかのように息子は一瞬田中課長のほうを見た。そして小さくうなずいて、またボールに眼を戻した。顔から緊張の色が消えていた。

息子の打ったボールは、ここしかないという位置に落ち、そしてピンの手前40センチぐらいのところで止まった。

「ナイスショット!!」

田中課長は満面の笑みを浮かべてこぶしを空高く突き上げた。

「なかなかあの位置に落とせないぞ、あのボールは。うまく打ったなあ」

息子も少し照れくさそうな顔をしながら右手でガッツポーズを作った。

「お父さんからほめられるとうれしいね。たまにはほめてよ」

「鬼コーチはやめたんだ。これから良いところはバンバンほめるからな。でもいい加減な練習するといつでも叱り飛ばすからな」

いつになく息子とのゴルフが楽しいな、田中課長はそう思った。

コーチとの対話

フォロー研修を10分後に控え、田中課長はこの2週間のことを振り返っていた。アクノレッジメントに対する意識の集中をいつも感じたかというと、決してそうではなかった。自分が忙しいときに要領を得ない説明をされたりすると、厳しい言葉を返してしまうこともままあった。顧客への対応の悪さを頭ごなしに指摘したこともあった。

しかし、トータルで見ると、それまでとは比べ物にならないくらいの多くのアクノレッジメントを部下に伝えたという自負があった。宿題をきちんとやってそれを発表することをわくわくしながら待っている子どものような気分だな、そう田中課長は思った。

フォロー研修は、電話回線上でプロ・コーチや他の研修参加者と会話するシステムになっている。開始時間の1分前にアクセスすると、プロ・コーチの声が聞こえてきた。

「おはようございます。お名前をどうぞ」

「おはようございます。田中です」

「あっ、田中さんお久しぶりです。何か声の調子がアップテンポでいいですね」

「ええ、けっこうこの電話会議楽しみにしてたんで」

「そうですか、田中さんにそんなふうに言っていただけるとうれしいですね。これからみなさん電話会議に入ってこられると思いますので、少々お待ちいただけますか」

ピーッという発信音が次々に聞こえ、一緒に研修に参加した課長たちが電話会議に入ってきた。朝の8時という時間のわりには、みんな一様に声の調子が明るかった。

5人揃ったところで、プロ・コーチが切り出した。

「まずは、2週間ご苦労様でした。きっとこの2週間いろいろなことを試されたと思います。うまくいったこともあるでしょうし、うまくいかなかったこともあると思います。もしうまくいかなかったことがあれば、それはどんなふうに改善できるのか、この場でコーチングしていきたいと思います。では、どなたからでも、アクノレッジメントを2人の部下に試してみてどんなことがあったのか、かいつまんで教えてください」

「はい、じゃあ佐藤からいきます」

「佐藤さんどうぞ」

「ひとりプロモーターの部下がいるんですけど、彼に集中的にアクノレッジしてみました。プロモーターはほめ言葉に質を要求しない、何を言われてもとにかく木に登ると聞きましたので、それこそだまされたと思って、仕事ぶり、スーツ、企画書、いろんなものをとにかくたくさんほめました。正直驚きました。本当に満面の笑みを浮かべて喜ぶんで。昨日も普段は営業レポートをいちばん遅く出すやつが、いちばん先に持ってきたりして。こんなに簡単だったらもっと前からほめておくべきでした」

「佐藤さん、だから言ったじゃないですか。プロモーターはスポットライトに弱いって」

「いや〜、やってみるもんですね」

「ぜひ継続してやってみてくださいね。では、次の方お願いできますか」

「はい、じゃあ田中いきます」

「あっ、田中さんお願いします」

田中課長はこの2週間で取った行動を簡潔に話していった。山中君のこと、会議のこと、岡本主任のこと、そして息子とのゴルフのこと。そして最後にこう付け加えた。

「研修のときに聞いた、この世の中には2種類の人がいる。一方はすきあらばアクノレッジしようとしている人で、もう一方はアクノレッジされることを待ってる人だ、という話がものすごく印象に残りましてね。結局部下の前で偉そうにふるまいながら、どこかで自分がアクノレッジされたかったんだなって思いました。自分がそうされたいんなら、まず部下をアクノレッジしなきゃいけないと強く思ったんですよね」

「自分の言葉をそんなふうに受け止めてくれて、とてもうれしいですね。実は、私自身が、このコーチングというのを始めて、いちばん良かったなと思うのがそれなんです。私も昔はどちらかというと、誰か自分のことをアクノレッジしてくれないかなとずっと待っていました。でもコーチングに触れて、相手からアクノレッジされる前に、まず自分から相手をアクノレッジしようと思うようになった。その結果手に入れたのは、人に対する恐れが前よりもずっと少なくなったということなんです。昔は人前で話をしていても、ちょっとした人の表情の変化に影響を受けたものですが、最近それがとても少なくなりました。この違いは大きいなって思うんですね。人に影響されなくなったから、前以上に人が見える。だから相手に対してさらに多様なアクノレッジメントを伝えることができる。好循環ですよね。もっとお互いがお互いをアクノレッジするようになれば、きっと日本の会社はもっと居心地の良い、それでいて生産性の高い場所になると思うんですけどね」

「そうですね」。答えながら、田中課長は自分のもやもやが晴れていくのを感じていた。

「承認《アクノレッジ》」が人を動かす
コーチングのプロが教える 相手を認め、行動変容をもたらす技術

発行日　2024年4月19日　第1刷

Author　鈴木義幸
Illustrator　若田紗季
Book Designer　krann 西垂水敦・市川さつき（カバーデザイン）
小林祐司（本文デザイン・DTP）
Publication　株式会社ディスカヴァー・トゥエンティワン
〒102-0093　東京都千代田区平河町2-16-1 平河町森タワー11F
TEL　03-3237-8321（代表）03-3237-8345（営業）／FAX　03-3237-8323
http://www.d21.co.jp
Publisher　谷口奈緒美
Editor　安永姫菜

Sales & Marketing Company
飯田智樹　庄司知世　蛯原昇　杉田彰子　古矢薫　佐藤昌幸　青木翔平　阿知波淳平　磯部隆
大﨑双葉　近江花渚　小田木もも　仙田彩歌　副島杏南　滝口景太郎　田山礼真　廣内悠理
松ノ下直輝　宮田有利子　三輪真也　八木眸　山田諭志　古川菜津子　鈴木雄大　高原未来子
藤井多穂子　厚見アレックス太郎　伊藤香　伊藤由美　金野美穂　鈴木洋子　陳鋭　松浦麻恵

Product Management Company
大山聡子　大竹朝子　藤田浩芳　三谷祐一　千葉正幸　伊東佑真　榎本明日香　大田原恵美
小石亜季　野村美空　橋本莉奈　原典宏　星野悠果　牧野類　村尾純司　斎藤悠人　浅野目七重
神日登美　波塚みなみ　林佳菜

Digital Solution & Production Company
大星多聞　中島俊平　馮東平　森谷真一　青木涼馬　宇賀神実　小野航平　佐藤淳基　舘瑞恵
津野主揮　西川なつか　野﨑竜海　野中保奈美　林秀樹　林秀規　元木優子　福田章平
小山怜那　千葉潤子　藤井かおり　町田加奈子

Headquarters
川島理　小関勝則　田中亜紀　山中麻吏　井筒浩　井上竜之介　奥田千晶　中西花　福永友紀
齋藤朋子　俵敬子　宮下祥子　池田望　石橋佐知子　丸山香織

Proofreader　文字工房燦光
Printing　共同印刷株式会社

ISBN978-4-7993-3029-6　(SHOUNIN GA HITO WO UGOKASU by Yoshiyuki Suzuki)